Le "patron" des écrivains... et journalistes

St François de SALES

Comment devenir écrivain ?
Être écrivain !

Écrire est-ce un vrai métier ? Une vocation ?
Quelle formation ?...

Du même auteur*

Certaines œuvres sont connues sous différents titres.

Romans

Le Roman de la révolution numérique
Ils ne sont pas intervenus (Peut-être un roman autobiographique)
La Faute à Souchon
Quand les familles sans toit sont entrées dans les maisons fermées
Liberté j'ignorais tant de Toi
Viré, viré, viré, même viré du Rmi !

Théâtre

Neuf femmes et la star
Les secrets de maître Pierre, notaire de campagne
Ça magouille aux assurances
Chanteur, écrivain : même cirque
Deux sœurs et un contrôle fiscal
Amour, sud et chansons
Pourquoi est-il venu :
Aventures d'écrivains régionaux
Avant les élections présidentielles
Scènes de campagne, scènes du Quercy
Blaise Pascal serait webmaster
Trois femmes et un Amour
J'avais 25 ans
« Révélations » sur « les apparitions d'Astaffort » Brel Cabrel

Théâtre pour troupes d'enfants

La fille aux 200 doudous
Les filles en profitent
Révélations sur la disparition du père Noël
Le lion l'autruche et le renard,
Mertilou prépare l'été

* extrait du catalogue, voir page 75

Stéphane Ternoise

Comment devenir écrivain ?
Être écrivain !

**Écrire est-ce un vrai métier ? Une vocation ?
Quelle formation ?...**

Sortie : 29 juin 2012

ISBN978-2-36541-241-4
EAN 978236541241-4

Jean-Luc Petit éditeur – Collection Essais

Stéphane Ternoise versant Essayiste :

http://www.**essayiste**.net

Tout simplement et logiquement !

Site officiel : http://www.ecrivain.pro

Présentation...

20 ans de notes et réflexions. Pour finalement essayer de répondre à la question régulièrement lue et entendue : *"Comment devenir écrivain ? Être écrivain !"*

Vous souhaitez vraiment devenir écrivain ? N'attendez rien de personne, aucune aide, aucun soutien, aucune subvention.

Prenez les aides, les soutiens, les subventions dès qu'ils se présentent. Et les confidences. Ceci est une longue confidence.

Ne perdez pas votre temps à fréquenter des célébrités, sauf s'il s'agit de vous documenter ! Dans ce cas, même les politiques peuvent présenter quelques intérêts.

D'autres prétendent le contraire : *"si je voulais être publié, il fallait que je vois deux hommes : Sollers et Henri Lévy, deux figures mythiques."* C'était en septembre 1996, dans un magazine littéraire. À vingt-huit ans il publiait son premier roman, définissait la "stratégie kalachnikov" qui lui permit d'entrer chez un grand éditeur, naturellement parisien.

Vous espérez (enfin) découvrir les bons conseils pour "être publié sans payer" ? Vous pensez à vous inscrire à un atelier d'écriture mais hésitez ? Vous cherchez simplement la recette pour écrire n'importe quoi pourvu que ce soit publié ? Ou n'importe quoi à balancer sur Amazon Kindle, pourvu que ça se vende, vous ramène gloire et fortune, comme quelques inconnus gagnants de la loterie du numérique aux Etats-Unis ? Vous recherchez des conseils pour bien écrire ? Vous vous interrogez sur "ce métier" ? Vous êtes persuadé d'avoir terminé le meilleur roman de l'année et ne comprenez pas la raison de son refus par Gallimard ? Encore jeune, vous considérez qu'écrivain, augurerait d'une chouette vie ? La retraite vous rappelle vos rêves littéraires de jeunesse et y consacrer quelques décennies vous semble possible ? Vous avez lu dans un document gratuit que le style et l'orthographe importaient peu, pourvu qu'on ait la bonne idée, l'orthographe se corrigeant automatiquement par logiciel et les acheteurs d'ebooks se souciant peu du style, pourvu qu'ils aient l'histoire intéressante, divertissante, marante selon d'autres, ou l'information utile ?

"Être écrivain", quel sens donnez-vous à ces deux mots ? Écrire sera un simple hobby ou un engagement total ? Êtes-vous prêt à vous consacrer entièrement à la littérature uniquement quand elle vous rapportera des revenus élevés ? Peu importent les ventes, votre vie sera littéraire ?

Les premières années, j'ai cherché des mots pour des impressions que je ne parvenais pas à exprimer. Ensuite, j'ai apprécié de lire autrement formulées des vérités profondes. Vérités, oui, même si d'autres se gargarisent d'épiloguer sur les notions de formation de l'écrivain passant par l'état d'auteur...

J'ai naturellement lu des "conseils aux écrivains" et vous propose d'en sourire avec vous. Des conseils parfois utiles... quand ils amènent à réfléchir sur ses propres réponses.

Stéphane Ternoise
Ecrivain
Ecrivain lu :
http://www.ecrivain.lu

Les conseils...

Soyez réaliste sur les conseils : vous lirez tout et son contraire.

Mais ce n'est pas forcément le contraire au sens strict : « devenir écrivain » peut signifier des ambitions très disparates.

Que souhaitez-vous devenir ? Quelqu'un dont le nom est imprimé sur une couverture, dont le texte parvient à se maintenir quelques jours dans le top 100 des ventes Kindle ou un écrivain ?

Oui, le nom imprimé sur une couverture, comme les meilleures ventes chez Amazon, ne signifie pas forcément "être un écrivain". Même si ces réussites comblent certains.

Si vous souhaitez figurer au catalogue d'une collection particulière, mieux vaut lire de nombreuses parutions de cet éditeur. Certains domaines nécessitent un formatage de la plume : juridique, conseils divers (santé, bricolage, jardinage...), jeunesse...

Naturellement, je ne les reprends pas textuellement, ces conseils. De nombreux documents gratuits existent. Parfois dans le but de vendre une formation, un coaching, des séances d'atelier d'écriture... Parfois simplement pour partager. N'hésitez pas à les lire ! C'est un premier conseil. Pas forcément à les approuver.

Alors... Vous avez décidé de devenir écrivain. Faut-il l'annoncer à ses proches ou se cacher pour écrire ? Annoncez-le, ainsi ils vous encourageront ! Surtout cachez-le : leurs sourires face à l'avancée tellement lente de votre "œuvre" vous découragera !

Si vous l'avez annoncé : quand faut-il leur livrer les

premiers extraits ? Attendre le pont final ? Et à qui ? La lectrice ou le lecteur le plus assidu de votre entourage ? Son commentaire acerbe risque de vous fâcher ?

Si vous connaissez un professeur de lettres, n'hésitez pas à le solliciter !

Evitez la lecture par un professeur, il vous jugera avec des critères scolaires !

Vous avez besoin d'un regard extérieur pour savoir si votre histoire est cohérente, si les personnages sont correctement dessinés ? Vos proches ne sont pas forcément les mieux placés pour ce travail ! Ils risquent même de vous induire dans de grossières erreurs, comme la certitude de tenir l'œuvre du siècle car un frère ou une soeur exulte de joie !

Écrire, oui. Mais sur quel sujet ? Celui que je connais le mieux ou celui qui m'intéresse ?

Pour un roman, je dois toujours rédiger un plan de mon histoire ? Arrêtez avec ce toujours !

Des personnages, une histoire, un plan, des fiches. Avec le plan, vous savez chaque jour ce que vous devez raconter ! Mais êtes-vous certain qu'un roman ce soit cela ? Quand les personnages existent, pourquoi ne pas les laisser nous surprendre ?

Si vous avez besoin de fiches, c'est que vous ne vivez pas avec (dans) votre histoire.

Faut-il écrire chaque jour ? Un écrivain doit-il écrire chaque jour ?

Oui, écrivez chaque jour, forcez-vous, interdisez-vous s'il le faut de rejoindre votre Amour au lit avant treize pages condensées, ou interdisez-vous le petit-déjeuner.

Faut-il dresser un planning ?

Ou alors : si l'écriture ne vous est pas indispensable, faites autre chose ! L'écriture doit être un plaisir ?

Pourquoi voulez-vous écrire, d'ailleurs ?

Toujours garder à portée de main un carnet ou une feuille et naturellement un stylo ?

Les plus organisés utiliseront le dictaphone ?

Faut-il écrire directement sur ordinateur ou sur feuille blanche (certains préfèrent les vertes) ?

Faut-il se créer un coin à soi où l'on s'installe chaque matin, y attendre l'inspiration ou la laisser vous surprendre ?

Est-il indispensable d'apprendre à utiliser un traitement de texte et si oui, lequel ?

Qu'est-ce qu'un traitement de texte ? Un logiciel qui fonctionne sur ordinateur et permet de rédiger un texte placé dans un fichier qui sera ensuite modifiable (n'oubliez pas de l'enregistrer ; faut-il le préciser ?

oui, sinon des mécontents risquent de m'injurier qu'ils ne comprennent pas l'utilité de rédiger chaque matin le même paragraphe et qu'ils ne sont pas parvenus à saisir l'ensemble de leur œuvre avant que leur petite-fille s'installe à leur place et bloque cette satanée machine avec un jeu consistant à traire des vaches le plus rapidement possible ; vous pensez que j'exagère, qu'il n'existe aucune réaction "surprenante" ? Publiez, et vous verrez !)

Quant à la longueur ? Un « vrai roman », c'est combien de pages ? Plutôt Tolstoï ou Sagan pour un premier roman ? Que votre texte soit tout simplement cohérent ! Ne cherchez pas à ajouter inutilement pour atteindre un chiffre rond !

Comment savoir quand un texte est vraiment fini ? Je ne peux relire sans modifier ! Lire à voix haute, sur le modèle du gueuloir de Gustave Flaubert, me semble intéressant. Malheureusement cette pratique semble déranger mes proches ! Mais rien de tel pour repérer les lourdeurs. Quand tout est dit et bien dit, quand tout « fonctionne. » Quant aux fautes, oui, là le regard extérieur reste indispensable. Même avec des logiciels de corrections.

Faut-il publier le premier jet ou retravailler ? Même si des écrivains prétendent ne jamais retravailler un texte, ils sont sûrement rares à agir ainsi. Dans le domaine de la chanson, Serge Gainsbourg affirmait régulièrement tout improviser en studio. À sa mort, ses proches ont retrouvé de nombreux cahiers... Le véritable travail d'écriture, ce n'est pas l'inspiration mais la réécriture. 5% d'inspiration, 25% de cogitation sur l'inspiration, 20% d'écriture et le reste en réécriture. Le pourcentage annoncé ne s'appuie sur aucune statistique ! Chacun l'adapte !
Faut-il ? Faut-il ? Faut-il ?... Ne vous posez pas tant de questions ! Lisez. Ecrivez.

"Il voulait devenir écrivain. Un ami lui donna le conseil : tu t'installes à la terrasse d'un café et tu observes. Il devint alcoolique."
Demis Langlois dans *"n'avouez jamais, on pourrait vous croire"*, en 2006.

Trouver le moyen d'en vivre pour être écrivain à temps plein

Ne cherchez pas à vivre de vos livres, ce n'est pas un vrai métier, écrivain... ("*le métier d'un écrivain, c'est d'apprendre à écrire*" résumait Jules Renard dans son *Journal*, le 18 juin 1900)

Les vraies œuvres sont toujours en avance sur leur époque et ne permettent pas à leur créateur d'en vivre. Utilisez vos livres comme tremplin pour la notoriété. Si vous parvenez à vous faire un nom, vous le monnayerez dans les médias, vous aurez alors une belle vie, d'innombrables satisfactions, des récompenses, des invitations... Trouvez donc un bon éditeur et signez son contrat les yeux fermés, surtout ne pinaillez pas pour des droits numériques ou un pourcentage, les éditeurs détestent les pinailleurs !

Non ! Pouvoir se consacrer entièrement à l'écriture (et naturellement perdre son temps dans des tas d'erreurs, errances et autres curiosités) est une légitime ambition. Certes, comme le remarquait Jules Renard : "*le métier des lettres est tout de même le seul où l'on puisse sans ridicule ne pas gagner d'argent.*" Faire gagner de l'argent aux éditeurs, aux libraires, et se contenter des miettes !

La misère matérielle est usante même si elle s'avère parfois un excellent stimulant. Certes, il convient de ne pas contrarier les éditeurs au grand luxe nécessaire alors que "*les écrivains ne se nourrissent pas de viandes ou de poulet, mais exclusivement d'éloges*" selon Henry de Montherlant...

La misère de l'écrivain l'entraîne souvent dans des impasses, stress, alcool, tabac, cigarette... même s'il peut y produire une œuvre majeure !

Alors : trouver le moyen d'en vivre. Et non pisser des lignes pour le fric. Et tous les moyens sont bons. Pourvu qu'ils ne détournent pas de l'essentiel, à savoir l'écriture.

Quant aux auteurs grassement payés par un éditeur, même mensualisés, ils peuvent naturellement rapidement devenir de petits fonctionnaires de l'écriture ! C'est peut-être ce qu'ils cherchaient.

Ce qu'il importe, c'est d'être écrivain, se ressentir ainsi, afin que ni l'échec ni la réussite, n'influent profondément sur cette qualité.

La notion d'écrivain professionnel semble encore péjorative. Logique : depuis des décennies, le statut "écrivain professionnel" s'obtient principalement avec de la sous-littérature, lancée comme de la lessive.
Et les quelques exceptions ne suffisent pas à changer l'image, tant leurs parcours ressemblent à ceux des vedettes creuses, avec les mêmes éditeurs, les même médias de promotion.

En vivre ne signifie plus être forcément très connu, atteindre des tirages à cinq zéros. En vivre, tout simplement, difficilement, est même sûrement préférable à la voie royale d'une signature chez un grand éditeur (pour des miettes) et à la voie classique du jeune tenté par l'écriture, la délaissant finalement en se promettant d'y revenir à la retraite où il racontera... Ces écrivains-retraités produisent parfois des œuvres de qualité, tellement elles furent macérées durant leurs années professionnelles mais, rattrapés par le temps, nombreux regrettent alors leurs "plus belles années" loin de l'écriture...

Trouver le moyen d'en vivre consiste à résoudre sa

propre équation par rapport aux besoins financiers. Autrement : je dois vendre combien de livres, d'ebooks chaque mois ?

L'auteur confiant ses œuvres à un éditeur recevra (si tout se passe bien) une somme chaque année, sur laquelle il n'aura guère d'informations avant "l'arrêté des comptes." Il aura, peut-être, obtenu un à-valoir.

L'auteur-éditeur bénéficie, surtout dans le domaine du livre numérique, d'un suivi quotidien ! Il peut consulter chez son edistributeur (immateriel dans mon cas) les chiffres de ventes sur Amazon, Itunes, Kobo, Fnac... avec un léger décalage, d'une semaine maxi (certaines ventes, comme celles sur la librairie immateriel, sont actualisées en quasi direct).

La question en cache souvent une autre : comment publier mon livre

Parmi les "jeunes auteurs" (il n'est pas forcément question d'âge mais de premier livre), le "'comment devenir écrivain" masque le plus souvent "comment trouver un bon éditeur", un bon éditeur présentant des qualités jusqu'alors introuvables pour l'interlocuteur, la première étant d'accepter son livre sans lui demander d'argent.

Facile de dénicher "un éditeur" enthousiaste pour n'importe quel texte : il suffit de contacter "un éditeur" adepte du compte d'auteur, c'est-à-dire qu'il "publie" mais en contrepartie d'argent, une somme qui dépasse "naturellement" les frais qu'il daignera accorder à votre œuvre. Sur le compte d'auteur, je me suis exprimé, j'ai même dû me défendre au Tribunal de Grande Instance de Paris face à une société dont je ne conseillais pas les prestations et qui ne parvint pas à faire supprimer mes écrits du net ! (voir http://www.auto-edition.com)

Trouver un éditeur : être accepté par Gallimard, Le Seuil, POL, Fayard... Si telle est votre ambition, certains prétendent qu'être recommandé par un auteur de la maison est préférable (ayant ironisé "*monsieur, jeune écrivain tout à fait inconnu et dépourvu de relations, je vous prie d'être assez aimable pour m'envoyer lettre de recommandation auprès de vous-même*", Charles Monselet, décédé en 1888, n'a donc pas eu la chance de fréquenter nos grands éditeurs où naturellement le piston ne remplace jamais la qualité), d'autres jurent qu'envoyer par la poste un manuscrit de grande qualité est suffisant. Si vous cherchez un éditeur, vous en trouverez sûrement un. Pas forcément avec le livre que vous venez de terminer. Pas forcément cette année. Peut-être dans dix ou vingt ans. Il est des écrivains ainsi récompensés de leur obstination par une signature chez Gallimard et même suivie d'un prix Goncourt (exemple Alexis Jenni).

Être son propre éditeur est encore considéré comme une situation d'échec... en France. Mais je suis persuadé, depuis 1991, qu'il s'agit d'une logique historique. Les auteurs n'ont jamais donné avec plaisir 90% des revenus de leurs œuvres ! Alors, c'est un choix : être en avance sur son époque (je le suis depuis 20 ans et c'est naturellement difficile financièrement) ou essayer de trouver une place dans l'ancienne économie (ce sera naturellement difficile financièrement !). Oui, pour 99% des écrivains, l'argent est un problème. Soyez rassuré, vous n'êtes pas une exception !

Tout comprendre... même les contrats avec les éditeurs

Signer un contrat avec un éditeur ne me semble plus devoir être considéré comme le meilleur chemin. Mais les éditeurs détiennent encore tellement de pouvoirs, peuvent apporter si rapidement une médiatisation de l'œuvre, qu'une telle voie peut se comprendre.

Mais intéresserez-vous vraiment aux contrats, ne soyez pas comme un enfant émerveillé de recevoir son nouveau doudou.

Certes, signer un contrat chez Gallimard peut vous faire perdre le sens du jugement juridique mais un contrat, dans l'édition aussi, vous engage.

Et les contrats sont le plus souvent rédigés par des avocats, afin de verrouiller l'œuvre au profit de l'éditeur. L'auteur peut discuter ? Oui !

Un auteur qui occulte par exemple le versant numérique de l'exploitation de son œuvre, ne devra pas être surpris de comprendre un jour que l'éditeur gagne six plus que lui sur les ventes d'ebooks !

L'éditeur est certes une passerelle rapide vers les lectrices et lecteurs mais il est avant tout un partenaire professionnel.

Se retirer dans une tour d'ivoire en répétant la phrase que le milieu vous invite à prononcer, du genre « j'écris et mon éditeur s'occupe du reste », représente un grand risque...

Trouver un "vrai-éditeur" ?

Un "vrai éditeur" est un Grand éditeur.
Sauf chez les refusés des grands éditeurs, qui n'hésiteront pas à prétendre qu'ils restent fidèles à leur petit éditeur car ils y bénéficient d'un véritable interlocuteur, une véritable écoute, qu'ils sont vraiment libres et soutenus...

Dans ce domaine de la quête de l'éditeur, tout et son contraire peut également s'affirmer.
Les conseils sont le plus souvent l'histoire du chemin suivi par celui qui les donne ! Ou la version qu'il juge préférable à la réalité.
Donc là aussi, c'est à chacun de choisir. Choisir et non subir faute de mieux.
Ainsi, à l'auto-édition d'un manuscrit partout refusé, préférez son rangement dans un tiroir d'où vous le ressortirez l'année suivante pour une relecture... qui devrait vous permettre d'y déceler quelques grossières erreurs.
L'auto-édition doit s'aborder comme un choix de vie et non par l'échec (en espérant un jour parvenir à séduire un éditeur...)

Les éditeurs ne sont donc pas les bienfaiteurs des écrivains ?
"Les écrivains font des châteaux en Espagne, les lecteurs y vivent, et les éditeurs touchent les loyers." Maxime Gorki (1868-1936) Tendance lourde car elle a traversé le vingtième siècle ! Pourtant de nombreux écrivains essayeront encore de "trouver un éditeur." Avec l'espoir d'obtenir ainsi médiatisation et récompenses. Il existe bien une frontière entre les écrivains. Qui prendra le train de l'indépendance avant qu'il devienne le plus fréquenté ? Les écrivains, malgré de grandes prétentions

à la liberté, sont souvent d'un conformisme affligeant. *"Le crime capital pour un écrivain, c'est le conformisme"* prétendit Rémy de Gourmont, dans *Le livre des masques* (1896).

Louis-Ferdinand Céline caricaturait-il en prétendant *"Tous les éditeurs sont des charognes."* Belle époque où Gaston Gallimard analysait *"Un auteur, un écrivain, le plus souvent n'est pas un homme. C'est une femme qu'il faut payer, tout en sachant qu'elle est toujours prête à s'offrir ailleurs. C'est une pute."* Qu'en pense son fils ?

Accepter du travail de commande ?

Si vous choisissez de travailler avec les éditeurs, la question peut se poser !

D'où vient l'inspiration ? D'une injonction intérieure ou d'une demande extérieure ?

Travailler sur commande, c'est aussi ce que l'on fait quand l'on s'impose un sujet.

Si le sujet est imposé, le travail sera moins bon ?

Tout dépend du contexte !

Travailler pour un éditeur de manière alimentaire ? S'il paye bien et ne vous oblige pas à vendre votre âme !

Le problème du travail sur commande, c'est d'en devenir prisonnier, se retrouver en attente de ses contrats... et y consacrer temps et énergie en intégralité. Dans ce cas, préférez un travail de chauffeur de ministre !

Ne jamais oublier que chaque écrivain doit régler son propre problème "social", avec l'argent. Prendre la décision de vivre de peu me semble préférable. À 27 ans, avec l'argent d'un accord transactionnel, j'ai acheté une maison. Certains s'offraient des voitures nettement plus chères. C'était une maison à restaurer, avant la "flambée immobilière" et dans une région alors peu recherchée.

La méthode de travail

Découvrez votre propre méthode de travail. Par tâtonnement : les réponses des autres peuvent parfois vous éclairer mais il s'agit de votre propre rapport à l'écriture. Comme cela m'est arrivé, il est probable que vous vous retrouviez dans certains aphorismes. Tout simplement car la problématique reste la même au fil du temps, la révolution numérique ne change pas grand chose aux données de base : il s'agit de soi face au texte, face aux mots, face au monde.
Oui, « une méthode de travail » finit par se dessiner chez chacun. Même si j'ai de grandes difficultés à concevoir qu'elle n'évolue pas d'années en années. Nous vieillissons et l'écriture nous rapproche de notre vérité profonde. Ainsi l'âge importe bien plus que ne l'avouent des écrivains ! Nous perdons « des choses » et heureusement en gagnons d'autres.

Essayez les différentes approches qui vous sont conseillées, de l'écriture avec un plan rigoureux à la plongée sans la moindre idée globale... Mais surtout, ne vous emprisonnez pas dans une méthode parce qu'un tel prétend qu'il s'agit de la bonne méthode. Et même : ne vous emprisonnez pas dans une méthode parce que vous pensez qu'il s'agit de la bonne méthode ! Vous pouvez vous tromper, même sur vous ! Si le résultat ne vous satisfait pas, c'est peut-être que vous n'abordez pas l'écriture par le bon angle. Nous sommes des équilibristes.

Naturellement, dans certains « domaines » on répertorie des comportements indispensables : pas de livre historique sans lecture de documentation ! De même pour les livres pratiques, votre connaissance propre sera sûrement insuffisante. La lecture de textes de loi est parfois de même nécessaire.... Mais ceci me semble tellement logique ! Je n'aurais pas écrit un essai sur la loi du 1er mars 2012 sans rechercher le maximum de réactions de politiques, écrivains, éditeurs, notables... Vérifiez toujours ce qui fut dit sur le sujet avant de publier. Même le titre, au-delà de la loi, il est préférable qu'il soit vraiment original.

Faut-il lire ou ne jamais ouvrir un livre pour ne pas risquer d'être influencé ?

Oui de prétendus écrivains, pas seulement de prétendus poètes, n'ont rien lu de plus que l'obligatoire de leur scolarité. Un écrivain est d'abord un lecteur. Voici quelques années, de nombreuses années, j'avais lu qu'il ne faudrait pas essayer de publier avant l'imprégnation par cinq cents livres. La lecture de cinq cents œuvres me semble, avec le recul, indispensable. Même si "l'inculture" peut permettre une intéressante fraîcheur, par exemple dans la poésie.

Que faut-il lire ? À une période de sa vie, durant « la formation », presque tout, et même de très mauvais livres ! Pourquoi lire de mauvais livres ? Car leurs grossières erreurs vous éviteront sûrement d'en commettre d'aussi visibles !

« *Depuis dix ans qu'il écrit ses propres histoires, Jean-Claude Vandermesse ne lit plus, pour éviter de se laisser influencer, mais surtout par manque de temps.* » J'avais découpé cet article de la *Voix Du Nord* du 8 mars 1997. Il est intéressant aussi de lire des confidences. Même de personnes à la démarche très éloignée de la sienne.

En parler aux parents et obtenir l'avis d'écrivains ?

Chez les Balzac, Honoré devait devenir notaire.
Non à la littérature !
Sa mère présenta néanmoins à un certain François Andrieux, académicien, ses premiers écrits. Réponse de la sommité : *"l'auteur doit faire quoi que ce soit, excepté de la littérature"*.
Charles Baudelaire devait entrer dans l'armée ou la diplomatie. Les parents d'André Gide s'inquiétèrent.
Simone de Beauvoir fut autorisée à écrire mais pour se divertir. Non pour devenir écrivain. La littérature ne nourrit pas son homme et mène aux mauvaises fréquentations. Les parents pensent encore ainsi au XXIe siècle ?

Faut-il laisser ses parents lire nos écrits ? Ils peuvent carrément se fâcher, comme la mère de Jean-Paul Sartre après « Les Mots. » Ou celle de Michel Tournier après « le Vent Paraclet ». Celle de Philippe Sollers fut scandalisée par les amours narrés dans son premier roman. Celle de Marguerite Duras l'accusera de mentir.

Selon certains écrivains...

Emile Zola : « *le romancier est fait d'un observateur et d'un expérimentateur.* » Dans *le roman expérimental.*
Selon Nietzsche « *un bon écrivain n'a pas seulement son propre esprit, mais aussi l'esprit de ses amis.* » Soyez l'éponge de votre monde, absorbez tout. Peu importe si certain(e)s vous en veulent ensuite, en se reconnaissant dans vos textes. « *Si on met les gens vrais dans les livres qu'on écrit, ce n'est pas par méchanceté ou par perversité, c'est pour atteindre une vérité générale.* » Selon Marcel Proust.

En 2010, à l'occasion de la sortie d'*Incidences*, le magazine *Lire* interrogea Philippe Djian au sujet de sa conception de l'écrivain. Roman propice à une telle interrogation : le personnage principal, Marc, enseigne « *l'art de devenir écrivain* », dans un atelier d'écriture. Lucide, il décourage ses étudiants dès le premier cours : pour devenir écrivain, « *il fallait un minimum de grâce. On l'avait ou on ne l'avait pas. Lui-même ne l'avait pas.* » Il distingue ceux qui enseignent la littérature et ceux qui la font.

Parmi les réponses de Philippe Djian :
« Comme tous les jeunes de ma génération, j'étais tourné vers ce qui se passait aux Etats-Unis. Moi, la lecture de Le Clézio ou d'Angelo Rinaldi ne me suffisait pas. Le problème de la France, c'est qu'il y a beaucoup de gens qui ont un petit talent mais les gens qui ont un petit talent n'ont jamais fait de grands écrivains.

Pour moi, la littérature ne doit pas seulement être belle mais vous aider à vivre.

Qu'est-ce que le travail d'un écrivain ? L'écrivain est

simplement quelqu'un qui a une émotion et, au bout de sa main, un stylo. L'émotion passe du cerveau au stylo. L'écrivain doit faire en sorte qu'entre les deux il y ait le moins de perte possible. Cela peut paraître dérisoire, mais ce qui est capital pour l'écrivain est de savoir où il met une virgule. Le monde qui nous entoure, l'écrivain peut le traduire parce qu'il ressent une espèce de vibration. Mais le problème est : comment la traduire, cette vibration ? C'est un travail manuel plus qu'intellectuel, un travail d'artisan où il faut tripoter les mots. Ce sont des bouts de ficelle. Un écrivain sérieux ne peut pas s'intéresser à autre chose, sinon c'est un historien ou un sociologue, ou un mauvais romancier.

L'écrivain est un artisan. Je suis en admiration devant ces gens qui sont des compagnons, qui veulent devenir les meilleurs ouvriers. J'essaie d'être le meilleur dans mon domaine. Ça me permet de me dire que ma vie sert à quelque chose, que je ne fais pas n'importe quoi de ma vie. »

À la question : Un écrivain est-il bon parce qu'il travaille ou parce qu'il a du génie ?
Philippe Djian répond : « Ça n'existe pas, le génie, en littérature ! Je n'ai jamais rencontré de génie en littérature.»

À la question : Pensez-vous que tout le monde puisse devenir écrivain ?
Philippe Djian répond : « En tout cas, tout le monde peut écrire. Je crois que la littérature n'est pas réservée à une élite. »

À l'objection : Certes, mais dans *Incidences* votre personnage principal, Marc, qui est prof dans un atelier d'écriture, dit à une de ses étudiantes : "Je ne peux pas m'engager à faire de vous un écrivain, personne n'a ce pouvoir, il faut la Grâce." C'est quand même contradictoire ?

Philippe Djian répond : « Non. On ne peut pas faire de vous un écrivain au sens où moi je l'entends, mais on peut faire de vous un scénariste ou quelqu'un qui publie. La littérature, la vraie, en effet, ne s'enseigne pas. Mais tout le monde peut s'améliorer, à force de travail. En travaillant, on peut écrire, et très bien, à quoi ressemble le bleu du ciel. C'est une question de travail. Ça ne peut pas s'apprendre, mais ça peut s'enseigner. On peut aussi vous enseigner à structurer un récit. C'est ce que nous prouvent tous les jours ces gens qui viennent des Etats-Unis pour nous expliquer comment faire un scénario, comment écrire une série. Il y a des tas de gens qui prennent des cours de dessin, des cours de scénario, et ça fonctionne ! Mais ils n'écriront jamais de la littérature, c'est-à-dire *Ulysse* ou *Guerre et paix*. Donc oui, vous pouvez apprendre à travailler pour faire partie des 95 % des bouquins qui encombrent les librairies. Mais les 5 % qui restent, les vrais écrivains, ceux-là sont hors de portée et personne ne peut, en effet, s'engager à vous transformer en l'un d'eux.»

Stop. Relisez ce passage « *vous pouvez apprendre à travailler pour faire partie des 95 % des bouquins qui encombrent les librairies. Mais les 5 % qui restent, les vrais écrivains, ceux-là sont hors de portée et personne ne peut, en effet, s'engager à vous transformer en l'un d'eux.* » Si vous souhaitez "publier", un atelier d'écriture, des conseils, peuvent vous y aider mais si vous ambitionnez d'entrer en littérature, c'est nettement plus compliqué : il ne faut pas espérer que quelqu'un ne possédant pas un savoir, vous le transmette. Qui anime des ateliers d'écriture ? Des personnes qui ne vivent pas vraiment de leurs livres, n'en ont le plus souvent écrit aucun de vraiment intéressant, n'ont parfois même jamais publié mais suivi une formation d'animation d'ateliers d'écriture. Et même si Philip Roth ou Michel Houellebecq acceptait d'animer un de ces ateliers, il concéderait l'absence de recette à vous communiquer. Une œuvre majeure ne se télécommande pas. Et personne, même après avoir trouvé la solution pour un livre n'est certain que le prochain soit de la même qualité.

À la question : Quel est le rôle de l'écrivain ?
Philippe Djian répond : « L'écrivain est celui qui propose un outil adéquat pour comprendre le monde. Si je vous donne un bon outil, vous allez pouvoir gratter, voir ce qu'il y a sous la surface. Si l'outil n'est pas adapté, ça ne servira à rien. L'écrivain doit donc proposer quelque chose qui sert à voir le monde. Il y a des écrivains qui ont transformé mon regard : ils m'ont aidé à observer le monde de manière plus fine et plus intelligente. L'écrivain est celui qui aiguise le regard : il nous permet de voir les mêmes choses mais sous un angle différent (...) Le rôle de l'écrivain est de donner une vision du monde. »

Des méthodes, des techniques...

Oui, il est possible d'acquérir des méthodes de travail, des techniques d'écriture, de "l'écrire bien."
Mais est-ce cela "être écrivain" ? Si vous le pensez, foncez dans cette direction !
Mais être écrivain, c'est, selon moi, se confronter à l'écriture.
Ce n'est ni un don naturel ni une technique transmise, c'est une envie, un besoin, un choix de vie. Être écrivain est un choix de vie.

Les cours, les formations, les "ateliers d'écriture" apportent quelque chose à celles et ceux qui les suivent.
Cela vous servira peut-être. Mais est-ce vraiment ce que vous souhaitez ?
Si vous voulez être guidé, comprendre où commencer... c'est sûrement que vous n'êtes pas prêt à "être écrivain"!
Ce n'est pas forcément grave !
Une formation peut palier vos lacunes, les conséquences d'un flagrant manque de lectures. Mais rien ne remplacera la "vraie lecture d'écrivain", celle qui vous met à la place de l'écrivain, cherche la manière dont fut construite son œuvre. Déconstruire une œuvre, en comprendre le fonctionnement, relire x fois le même roman.

Vos écrivains préférés sont passés par les études de lettres ? Aucun diplôme, aucune étude, ne vous sont demandés. Juste l'œuvre ! Et peu importe si 5, 10 ou 20 ans vous sont nécessaires pour l'écrire. Ah ! Laisser une œuvre majeure, atteindre une fois l'équilibre sur le fil tendu si haut qu'on ne l'aperçoit même pas la première fois où l'on ose se rêver écrivain, le fil tendu entre l'ombre de Stendhal et celle de Marcel Proust.

La vraie formation ?

La vraie formation de l'écrivain : s'autoformer, développer son écriture par l'écriture, par la lecture, par la confrontation de ses textes au regard extérieur. À son propre regard aussi ayant évolué.

Relire ses vieux manuscrits (même six mois plus tard) permet, le plus souvent, de raturer, comprendre ce qui ne fonctionnait pas. C'est parfois très décourageant mais le brouillon suivant devient encourageant !

Une formation pour les écrivains ? Naturellement, la France y arrivera, des mouvements la souhaitent, il y aura de l'argent public à se partager, des places à prendre, des sessions à assurer, donc des revenus pour des écrivains qui ne vivent pas de leurs écrits mais pourront ainsi s'autoglorifier et obtenir quelques articles.

La vraie formation de l'écrivain, c'est de vivre sa vie d'écrivain, dans les échecs, les découragements, les colères, les révoltes, les indignations. La quête d'une œuvre nécessite une grande humilité : elle passe par tellement d'échecs. Même si ensuite, la satisfaction du "devoir accompli" peut être considérée (par certains) comme de la prétention. Mais l'écrivain est alors "vieux" et sa relation au monde a évolué depuis ses débuts...

Quand un écrivain publie un livre qui ne marche pas, ce n'est pas de lui qu'il doute mais de l'avenir de la littérature.
Yvan Audouard

Pas vraiment un métier... pour les autres

Écrivain, n'est pas un vrai métier, c'est entendu ! Même pour nos chers enfants !

Enseignant, même avec de nombreuses vacances, oui ! Parce qu'il y eut des études nécessaires, un concours, une formation. Il existe un vrai statut, et surtout des horaires.

Personne n'oblige l'écrivain à se lever à heure fixe. Vos proches vont vous envier ! Vos enfants constateront rapidement la différence avec le comportement des parents de leurs copains et copines !

Mais, un écrivain... pour les enfants, c'est un mort !... Le mot écrivain se transmet à nos enfants, dans les écoles, via des classiques. 17e siècle, 18e siècle...

Les écrivains sont vieux, aussi. Le plus souvent, les manuels reproduisent des photos ou portraits de leurs dernières années.

Ne demandez pas aux autres de prétendre que vous êtes écrivain ! N'attendez pas la reconnaissance : soyez ! Seule une œuvre peut les décider à finalement vous appeler "l'écrivain." Même s'ils ne vous ont pas lu.

Ne pas céder au découragement...

Le découragement guette. C'est tellement difficile d'exposer clairement en mots ce qui semble évident dans le cerveau.

Puis les refus des éditeurs pour ceux qui en cherchent un.

Ensuite, la première publication multipliera les occasions de grands désarrois. Comme ces salons du livre où les badauds passeront indifférents devant vous. Comme ces journalistes qui n'ouvriront même pas votre livre.

Et les critiques. Certaines fondées. Certaines uniquement pour essayer de stopper l'intérêt des potentiels lecteurs, surtout quand "un ami" propose un livre au sujet similaire.

Innombrables occasions de se décourager. Suis-je vraiment écrivain, avec un livre qui s'est si peu vendu ?

Suis-je vraiment écrivain ? Certains abandonnent alors. D'autres retournent au combat.

Ça ne sert à rien ! Et finalement on recommence.

Une nouvelle idée m'emporte. Ce livre sera L'œuvre de ma vie...

Et ça recommence, une nouvelle déception. L'écrivain repart du bas de la colline avec son boulet de Sisyphe.

Mais sûrement que l'écrivain ne peut pas vivre sans écrire, comme le pommier qui perd ses feuilles mais redonnera des pommes l'année suivante.

« *Le vrai écrivain n'est pas celui qui raconte des histoires, mais celui qui se raconte dans l'histoire. La sienne et celle, plus vaste, du monde dans lequel il vit.* » Philip Roth en septembre 2004, une interview dans Télérama.

Un désir de reconnaissance ?

Finalement, vous faites tout cela pour une médaille ?
Pour quelques articles dans les journaux ?
*"Je ne suis pas de ceux qui pensent que l'écrivain doit
vivre dans une tour d'ivoire. La vie littéraire se fait aussi
dans les cocktails."* Dominique Noguez, dans *Lire*, en
novembre 2004.
La reconnaissance du nom dans les journaux, de la
télévision, des honneurs ?
Quel est le véritable moteur de l'écriture ? Des
blessures ? Des humiliations ? Un besoin viscéral ? Vous
souhaitez la réussite ? (elle est sûrement plus facile dans
d'autres domaines !)
Chacun porte en lui sa réponse. Il en fera peut-être des
livres. Et chacun sera jugé sur ce qu'il laissera.

Écrire doit être un plaisir ?

À la question "*vous amusez-vous en écrivant ?*" dans les *Inrocks*, en octobre 2011, Philip Roth répond "*J'ai toujours trouvé ça très difficile. À de rares exceptions près, chacun de mes livres est un calvaire. Il existe des métiers très pénibles, eh bien, écrire en est un ! Si le livre n'est pas éprouvant à écrire, alors je doute de sa qualité.*"

Dans un autre genre, Marc Levy (le 28 octobre 2004): "*L'autre avis que je pourrais donner c'est qu'il faut prendre du plaisir... Si tu n'as pas de plaisir à faire ce que tu fais, c'est qu'il y a quelque chose qui cloche ! Tu imaginerais un cuisinier qui n'aimerait pas faire la bouffe ? Pour un auteur c'est un peu pareil... Que tu sois acteur, chanteur, cuisinier... à un moment donné tu dois partager un plaisir que tu es en train de te faire... Le seul conseil que je donnerai d'utile c'est « amusez-vous » !*"

Certains "écrivains" (ainsi notés sur leur présentation twitter et facebook) semblent très bien considérer l'auteur des "*et si c'était...*", au point de noter que leur "œuvre" doit intéresser le même lectorat. Je souris et ne suis pas tenté de les découvrir ! Même à ce niveau, l'*original* est toujours préféré à la copie.

Méfiez-vous des citations !

Il est des citations qui peuvent sembler pertinentes mais n'apportent pas grand chose : ainsi Chateaubriand, dans son "*Génie du christianisme*", nous balance « *l'écrivain original n'est pas celui qui n'imite personne, mais celui que personne ne peut imiter* », aphorisme susceptible d'émerveiller. Mais vide.

De la même manière, certains sites mettent en valeur un extrait du "*Tas de pierres*" de Victor Hugo : « *les vrais grands écrivains sont ceux dont la pensée occupe tous les recoins de leur style.* »

Quant à « *être écrivain, c'est la façon exemplaire, proclamée, de ne pas devenir un adulte* » de François Nourissier (*Bleu comme la nuit*), l'idée peut au mieux être considérée comme une manière habile de surfer sur l'idée qu'un écrivain se contente de laisser couler en soi l'inspiration et jouer avec cela. Comme de proclamer l'écrivain "légèrement médium" !

Certes, comme Pierre Baillargeon dans son "*Commerce*" nous pouvons être tentés de proclamer « *On est écrivain quand on a quelque chose à dire et qu'on est le seul à pouvoir dire.* »
Ne pas oublier : personne ne nous attend et si nous parvenons certes parfois à écrire quelques phrases originales, il est rare que l'idée soit totalement nouvelle...

Autres grandes phrases pour petits sites supports publicitaires :
« *Un grand écrivain se remarque au nombre de pages qu'il ne publie pas* » de Stéphane Mallarmé. « *Un écrivain est essentiellement un homme qui ne se résigne pas à la solitude. Chacun de nous est un désert* » de

François Mauriac (*Dieu et Mammon*). « *Il y a des écrivains qui ne sont pas des écrivains comme les autres.* » Si si, cette envolée de Christine Angot dans le *Libération* du 6 novembre 1999, elle est mise en valeur par au moins un des innombrables "dictionnaires de citations" en ligne (l'essence du dictionnaires de citations est naturellement perdue dans ces pages fourre-tout).

Paul Morand, le 2 août 1968, dans son *Journal inutile*, notait "*Les citations sont les béquilles des écrivains infirmes.*"
Les belles phrases cachent souvent l'absence d'idées pertinentes et peuvent sans choquer inclure une négation.
Pourtant ce livre contient de nombreuses citations.
Évitons de généraliser.

Devenir écrivain, être un jeune écrivain... fut toujours difficile !

Comment être visible alors qu'une montagne de classiques nous sépare des lectrices et lecteurs ?

Alfred Capus ironisait dans ses *"Pensées"* : « *Si l'on appelle écrivain un homme qui écrit, on appelle aujourd'hui jeune écrivain un homme qui a l'intention d'écrire.* »

Alfred Capus n'a pourtant pas connu l'ebook, puisqu'il fut élu à l'Académie française ! Je précise que cette élection ne se fit pas au détriment du grand PPDA puisqu'elle se déroula le 12 février 1914.

Qui a la force de maintenir une pensée où l'écriture se déroulera dans un quasi anonymat durera des décennies ?

Alors les "réussites rapides" enthousiasment. À peine 25 ans et déjà un grand écrivain !

Écrire "dans le même style" peut sembler un bon plan. Mais l'écrivain doit trouver son style...

Alphonse Karr, pourtant mort à Saint-Raphaël en 1890, remarqua : "*Le nombre des écrivains est déjà innombrable et ira toujours croissant, parce que c'est le seul métier, avec l'art de gouverner, qu'on ose faire sans l'avoir appris.*" La facilité de publier sur Internet n'est donc qu'un outil au service d'un besoin humain...

Ne croyez pas en ces histoires de DON...

« *Ecrivain. Ce n'est pas un métier, mais une vocation, un don.* » Alice Parizeau, par exemple, dans "Blizzard sur Québec", résume ainsi cette "profession". Des installés ont parfois la prétention de prétendre posséder un don. « *L'écrivain est une sorte de voyant émerveillé* » ira même jusqu'à balancer André Pieyre de Mandiargues. Le message : je suis le voyant, regardez-moi ! Ne rêvez pas de prendre ma place, pas même de faire comme moi : pour arriver où je suis il faut un don." Je suis un élu du hasard, du miracle génétique, ou de Dieu, peu importe mais VOUS n'êtes pas élu donc arrêtez d'écrire ! Lisez-moi ! Je suis un élu, un être supérieur.

C'est avec ces histoires de destin décidé à la naissance, que les puissants maintiennent "les autres" dans leur statut de victime. L'écriture, comme les autres formes artistiques, est un combat.

Ce "don", comme pour la musique, on pourrait croire qu'il devient héréditaire ! Combien de "filles et fils de" signent chez nos grands éditeurs ?

Orhan Pamuk, à Stockholm, le 7 décembre 2006, dans son discours de réception du prix Nobel de littérature, déclara humblement « *Pour moi le secret du métier d'écrivain réside non pas dans une inspiration d'origine inconnue mais dans l'obstination et la patience.* »

Paul Auster, dans un entretien publié par *Lire* en février 2007, aborda également le sujet : « *Bien sûr que nous sommes comme tous les autres hommes, mais le travail que nous accomplissons est très spécial, très étonnant. La plupart des gens ne passent pas leur temps à vivre dans un monde imaginaire : leur travail est dédié à des activités quotidiennes, souvent répétitives, très terre à terre. Les écrivains, et particulièrement les romanciers, créent des choses qui n'existent pas. Ils sont donc différents de la plupart des gens qui font, au quotidien, ce qui existe.* »

Cette histoire est vraie : je l'ai inventée

Cette histoire est vraie, puisque je l'ai inventée. L'écrivain croit en ses écrits. Il peut même réécrire l'histoire. La schizophrénie le guette ? Prévenez toute personne qui partage ne serait-ce que quelques minutes de sa vie : la version de l'écrivain restera, s'il le souhaite. L'écrivain n'oublie rien mais il occulte s'il n'y voit pas d'intérêt littéraire. L'intérêt est littéraire. Certains dissertent sur la distinction écrivain / auteur, peut-être après avoir lu une citation d'Ernst Jünger « *Vous pouvez devenir écrivain. Mais il faut être auteur.* » (tirée de *l'auteur et l'écriture*). La dérive la plus risible consistant à se prétendre auteur tout en s'affirmant persuadé de devenir écrivain un jour.

Même avant d'écrire son premier paragraphe, l'écrivain est écrivain, car il se vit écrivain.

"*Cette histoire est vraie, puisque je l'ai inventée*" : Boris Vian aurait certainement souri si un messager du futur l'avait informé que cet argument promotionnel balancé pour essayer de briser l'indifférence autour de *L'écume des jours* finirait en récurrent sujet de dissertation des études littéraires.

Henry Miller

À 32 ans, Henry Miller, directeur du personnel de la Western Union Telegraph, importante société télégraphique, fit la rencontre déterminante de sa vie : June (Mona dans sa trilogie *La Crucifixion en rose*). Sous son impulsion, il se consacre totalement à la littérature...

Plexus : "il me paraissait impossible d'avoir pu passer presque cinq ans au service de cette compagnie sans coeur. Je comprenais ce que doit éprouver un soldat au moment de sa libération de l'armée. (...) Aussitôt je fis le voeu de ne plus jamais travailler pour personne. Jamais plus je ne prendrais d'ordres. Le travail courant était bon pour les autres types - je n'y aurais aucune part. J'avais un talent et je le cultiverais. Je serais un écrivain ou je crèverais de faim..."

"N'avait-il pas mainte et mainte fois prophétisé que tous mes efforts seraient vains ? N'avait-il pas prédit que je ne ferais jamais un bon mari ou un bon père, et même que je ne deviendrais jamais un écrivain ? Pourquoi persistais-je ? Pourquoi ne me rangeais-je pas comme il l'avait fait, ne trouvais-je pas quelque emploi banal et n'acceptais-je mon lot ? Il était évident que cela lui faisait du bien au coeur de s'étendre là-dessus. Invariablement, il se donnait la peine de me rappeler que je n'étais qu'un « garçon de Brooklyn », un gamin du 14e arrondissement, comme lui-même, comme Louis Pirossa, comme Harry Martin, comme Eddie Goeller, comme Alfie Betcha. (Tous des ratés.) Non, aucun de nous n'arriverait jamais à rien. Nous étions condamnés, condamnés d'avance. Je devrais être reconnaissant, estimait-il, de ne pas être enfermé dans un pénitencier ou devenu un drogué..."

"- Je ne suis pas encore un écrivain, je ne suis qu'un apprenti. Il se peut que je vaille mieux que ne croient les éditeurs, mais j'ai encore beaucoup de chemin à faire. Lorsque je saurai vraiment m'exprimer, les gens me liront. Peu m'importe que le monde soit mauvais. *Ils liront*, je te le dis. Ils ne pourront pas m'ignorer.
- Et d'ici là ?
- D'ici là je trouverai un autre moyen de gagner ma vie.
- En vendant des encyclopédies ? Est-ce un moyen ?
- Pas bien fameux, je le reconnais, mais cela vaut mieux que de mendier et d'emprunter. Mieux que de laisser sa femme se prostituer."

"Avoir son propre monde et y vivre, cela ne signifie pas qu'on soit nécessairement aveugle à ce qui s'appelle le monde réel. Si un écrivain ne connaissait pas le monde de tous les jours, s'il n'y avait pas été plongé au point de se révolter contre lui, il n'aurait pas ce que tu appelles son monde à lui. Un artiste porte tous les mondes en lui..."

Nexus : "La grande, l'éternelle et apparemment insoluble question était celle-ci : Qu'ai je donc de si désespérément important à dire au monde ? Que puis-je dire qui n'ait déjà été dit des milliers de fois, et par des hommes infiniment plus doués ? Est -ce pure vanité, ce besoin incœrcible de se faire entendre ? »

"Je ne peux être moi-même qu', bousculant un tas de choses. Je n'écrirai jamais un livre pour plaire à ces messieurs les éditeurs."

"– Est-ce que tu vas dire la vérité… sur nous ?
– Certainement. Et pas seulement sur nous, mais sur tout le monde.

– Et tu crois qu'il y aura un éditeur pour publier un livre pareil ?

– Je n'ai pas encore songé à ça. Il faut d'abord que je l'écrive. »

" Pour naître écrivain, il faut apprendre à aimer les privations, les souffrances, les humiliations. Et surtout, il faut apprendre à vivre en marge."

"– Écoute, pourquoi ne chercherais-tu pas un emploi de reporter, à faire ton chemin en devenant correspondant, puis tu t'attaquerais ensuite à la grande œuvre ? Hein, réponds à cela !

– Parce que je perdrais mon temps, voilà la réponse.

– Il y en a d'autres qui l'ont fait. Et des gars plus grands que toi. Bernard Shaw, par exemple.

– Eh bien, tant mieux pour Bernard Shaw. Moi, c'est différent."

Pour vous également, ça peut être différent. Henry Miller raconte un combat, son combat. Il est naturellement d'autres voies. Il s'agit bien ici d'ouvrir des voies : l'édition n'est pas forcément ce que l'on vous fait croire…

Sexus : "Si l'homme écrit, c'est pour vomir le poison qu'il a accumulé en lui du fait de l'erreur foncière qu'il commet dans sa manière de vivre. Il cherche à reconquérir son innocence. Ses écrits n'ont d'autre effet que d'inoculer au monde le virus de ses désillusions. »

"La cour que l'écrivain fait au public est aussi ignominieuse que celle que fait le politicien ou n'importe quel saltimbanque. »

"Le meilleur de l'art d'écrire, ce n'est pas le mal réel qu'on se donne pour accoler le mot au mot, pour entasser brique sur brique ; ce sont les préliminaires, le travail à la bêche que l'on fat en silence en toutes circonstances, que ce soit dans le rêve ou à l'état de veille. Bref, la période de gestation. Personne n'a jamais réussi à jeter sur le papier ce qu'il avait primitivement l'intention de dire... »

"Le directeur d'une revue, après avoir lu quelques pages d'une nouvelle inachevée, m'avait froidement déclaré que je n'avais pas l'once de talent, que j'ignorais l'ABC de l'art d'écrire – bref, que j'étais un raté parfait ; et la meilleure solution, mon garçon, c'est d'en faire votre deuil et d'essayer de gagner honnêtement votre vie. Un autre âne bâté, qui était l'auteur d'un livre à grand succès sur Jésus-le-Charpentier, m'avait dit la même chose. Et si les lettres de refus ont quelque signification, les critiques de ces deux esprits avertis trouvaient ample corroboration dans le courrier que je recevais « Qui sont ces merdeux ? Avais-je l'habitude de dire à Ulric. Sur quoi se fondent-ils pour me dire cela ? Eux-mêmes, qu'ont-ils fais, hormis de prouver qu'ils savent gagner de l'argent ?"

Vous considérez cet essai trop court ? Il s'agit également d'une invitation à lire *La Crucifixion en rose (Plexus, Nexus, Sexus)*. Ce combat peut vous sembler ancien mais la relation de l'écrivain à son époque, à ses installés, n'a pas tellement évolué...

Lucia Etxebarria

Je l'ai découverte avec "*Amour, Prozac et autres curiosités*" et ce roman reste mon préféré de la romancière espagnole, mon aînée de deux ans. Suivre le parcours d'un écrivain "du même âge" me semble important. Il m'est même arrivé de lire Amélie Nothomb pour cette raison.

On sent du Henry Miller chez Lucia Etxebarria, dans le rapport au travail. Je m'y retrouve également.

"Quand j'ai quitté la maison, j'ai travaillé quelque temps dans un bureau. Il s'agissait d'une multinationale informatique. (...) Toute la documentation était rédigée en anglais, et c'était votre servante, la jeune étudiante en philologie anglaise, engagée comme stagiaire, qui était chargée de la traduire... (...) J'y passais ma vie, assise dans ce cagibi, où je commençai à grossir, un espace d'à peine deux mètres carrés délimité par la lumière fantomatique de l'ordinateur (...) Tout ça pour un salaire minable, parce que comme votre servante était étudiante, on l'avait engagée comme stagiaire, ce qui signifiait en bon français que je bossais autant que les autres mais que je gagnais beaucoup moins. (...) On vous faisait beaucoup de promesses. On laissait entendre que si vous fournissiez les efforts nécessaires, vos mérites finiraient par être reconnus, que votre travail vous conduirait à une reconnaissance de statut et de salaire. Mais au bout d'un an, vous abandonniez ces illusions infantiles, ces prétentions naïves et vous vous aperceviez que vous n'évolueriez jamais et que vous n'obtiendriez jamais de promotion. (...) On se demandait : « Qu'est-ce que je fous ici ? » (...) Je m'étais fait avoir, on me trompait comme un âne avec le vieux truc de la carotte et du bâton, et un matin où j'étais descendue à la pharmacie pour acheter de l'aspirine parce que je ne pouvais plus supporter ce mal de dos, le soleil se posa sur mon visage pour m'avertir que je gâchais ma vie (...) je réalisais que cela faisait deux ans que je ne sentais plus la caresse dorée du soleil sur le nez, que ma jeunesse s'enfuyait, enfermée dans un bureau aux vitres blindées (...) Je me dirigeai vers ma table et envoyai un ordre à l'ordinateur : « Delete All. » (...) et je me sentis la femme la plus libre de la Terre, je me sentis heureuse, comblée, extatique, pour la première fois depuis deux ans. (...) Maintenant, je suis serveuse. (...) j'ai les matinées pour moi, pour moi seule, et pour moi le temps libre vaut plus que le meilleur salaire du monde. Je ne regrette absolument pas ma décision, et jamais, au grand jamais, je ne retournerais travailler dans une multinationale. Plutôt devenir pute."

En 1993, à Reims, j'ai ressenti un profond soulagement et un sentiment de bien-être en sortant des bureaux du Boulevard Louis Roederer, avec en poche un chèque, certes modeste, mais énorme dans la liberté qu'il m'offrait, celui d'un accord transactionnel, point final de mon aventure bureaucratique. J'avais traversé les allées pour me rendre Place Drouet d'Erlon, à la librairie. Oui, je fréquentais encore les librairies ! Et j'en étais sorti chargé d'une quinzaine de livres. Aucun écrivain indépendant n'était naturellement mis en valeur dans ces rayons. Mais je me sentais bien, malgré la conscience des difficultés qui ne manqueraient pas de perturber mon souhait d'une vie tranquille et littéraire. De préférence "dans le sud."

Je conseille donc aux plus jeunes de connaître le monde bureaucratique, pour rapidement le quitter. Souffrez, révoltez-vous, et quittez-le dès que tout cela vous deviendra invivable.

Ce qui rejoint John Fante dans "*demande à la poussière*"

de 1939 : *"Mon conseil à tous les écrivains qui débutent est très simple. Je leur recommanderais de ne jamais éviter une expérience nouvelle. Je les exhorterais à vivre la vie dans toute sa crudité, la prendre bravement à bras-le-corps, l'attaquer à poings nus."*

Michel Houellebecq

Rester vivant (1997) : "Développez en vous un profond ressentiment à l'égard de la vie. Ce ressentiment est nécessaire à toute création artistique véritable.

Survivre est extrêmement difficile. On pourra penser à adopter une *stratégie à la Pessoa* : trouver un petit emploi, ne rien publier, attendre paisiblement la mort.

En pratique, on ira au devant de difficultés importantes : sensation de perdre son temps, de ne pas être à sa place, de ne pas être estimé à sa vraie valeur... tout cela deviendra vite insoutenable. L'alcool sera difficile à éviter. En fin de compte l'amertume et l'aigreur seront au bout du chemin, vite suivies par l'apathie, et la stérilité créatrice complète.

Dites-vous bien qu'en règle générale il n'y a pas de bonne solution au problème de la survie matérielle ; mais il y en a de très mauvaises.

Le problème du lieu de vie ne se posera en général pas ; vous irez ou vous pourrez. Essayez simplement d'éviter les voisins trop bruyants, capables à eux seuls de provoquer une mort intellectuelle définitive.

Une petite insertion professionnelle peut apporter certaines connaissances, éventuellement utilisables dans une œuvre ultérieure, sur le fonctionnement de la société. Mais une période de clochardisation, où l'on plongera dans la marginalité, apportera d'autres savoirs. L'idéal est d'alterner."

Michel Houellebecq est également passé par l'informatique. Harlan Coben, dans *Lire*, en juin 2005 répondait : " *j'ai découvert ce que signifiait « être écrivain ». Trois choses sont nécessaires pour cela - les deux premières sont évidentes, mais pas la troisième: l'inspiration, la transpiration... et le désespoir.*"

Adam Haberberg, un roman de Yasmina Reza

« *Votre amertume est écoeurante et vos doutes le sont encore plus, vous vous troublez d'être rejeté par ceux-là même que vous vomissez.* » Peut-être une pique de la dramaturge aux bataillons des indignés de ne pas être invités ni glorifiés par des installés.

Adam Haberberg, le personnage principal, reconnaît « *un truc qui marche, ça crée de l'agitation. Vous échappez un peu à la monotonie de la vie* » puis, une trentaine de pages plus loin, pense « *le vrai écrivain ne réfléchit pas à la littérature. Le vrai écrivain se fout de la littérature.* » Juste après avoir constaté qu'il « *avait trop pensé, trop combiné, trop réfléchi à la littérature.* »

Plus loin, citant Goncharki, Adam Haberberg balance « *l'artiste, l'écrivain en particulier (...) est un solitaire qui ne veut pas se mélanger et ne reconnaît ni égal, ni confrère.* »

Finalement, il exprime peut-être la quête de Yasmina Reza : « *J'ai conservé le rêve naïf de devenir écrivain, c'est à dire un homme qui tente de se sauver de lui-même.* »

Stendhal et Honoré de Balzac

Heureusement, j'ai croisé, vers 20 ans, un aphorisme de Stendhal : « *l'homme d'esprit doit s'appliquer à acquérir ce qui lui est strictement nécessaire pour ne dépendre de personne.* »
Son confrère Honoré de Balzac a essayé la grande indépendance : imprimeur, éditeur. Il s'y ruina.
Aujourd'hui Honoré de Balzac n'hésiterait pas, j'en suis persuadé, il foncerait dans l'ère numérique de l'édition.
J'ai débuté à une époque où même si l'impression offset permettait un tarif raisonnable dès un tirage de 1500 exemplaires, le marché de l'édition avait réussi à s'organiser pour exclure les éditeurs indépendants. Le monde de l'édition n'avait pas tellement évolué depuis celui subi par Stendhal et Balzac, les techniques d'emprisonnement des écrivains s'étaient simplement affinées. C'est ce modèle qu'ont souhaité reproduire nos grands éditeurs via leur lobbying pour l'ebook.
Heureusement, pour la première fois dans l'Histoire de l'écrit, un auteur peut toucher un très vaste public avec une "insignifiante" mise de départ.
Certes, l'argent fera encore la différence mais entre les mailles du filet que les marchands ont placé sur le monde de l'édition, nous pouvons nous faufiler. Sans oublier l'aphorisme de Stendhal !

Raconter sa vie ?

Au sujet de "*Peut-être un roman autobiographique*", une lectrice, "Sei Lagon", note sur Amazon : « *il ne suffit pas de raconter une enfance, une vie tourmentée, pour être un écrivain, encore faut-il avoir du talent pour le faire. Et chez Mr Ternoise, le style est bien là. Je recommande !!!* »

Raconter sa vie n'est pas suivre minutieusement son quotidien ! Ce n'est même pas être scrupuleux sur les faits : « *Ce qui rend délicates les questions sur l'autobiographie, c'est qu'en fait je ne me souviens plus très bien de mon passé. Je suis habitué à mentir constamment sur ma propre vie, ce qui m'oblige à avoir des doutes.* » Michel Houellebecq, en 1998, à la sortie du roman *les particules élémentaires*, où Bruno né en 1956 et Michel, en 1958, demi-frères, constatent leur échec et celui de la société. Michel Houellebecq alors officiellement né en 1958. Nous savons désormais qu'il quitta le *vendre* de sa mère "adorée" en 1956. Vendre est naturellement un lapsus de ventre, sûrement pas anodin donc conservé.

Claude Lévi-Strauss, au micro de Jacques Chancel, *Radioscopie* (un enregistrement de 1988) : « *J'ai une mémoire détestable...*

Je suis tout à fait perdu quand j'essaye de reconstituer mon passé, des pans entiers m'échappent, je me trompe de date.

Si j'écrivais mes mémoires j'aurais le sentiment de dire faux tout le temps. »

Heinrich Heine : « *Il ne peut exister d'autobiographies exactes et l'homme ment toujours quand il parle de lui.* »

Un livre doit vraiment être très médiatisé ?

Jean D'Ormesson s'y connaissant dans la médiatisation, je vous balance un de ses exposés sur le sujet : "*Mais pour le moment, un livre qui ne passe pas par la télévision a peu de chances de survie. J'ajoute qu'un livre qui passe à la télévision est aussi un livre menacé, parce que la télévision transforme le livre en spectacle.*"
Il s'agissait de propos destinés au portail evene.fr, recueillis par Thomas Flamerion en 2007.
Passer à la télévision pour vendre ou être ignoré sans ce petit écran ?... De toute manière, les écrivains ont rarement le choix : ils n'intéressent pas les producteurs.
C'est d'ailleurs dans une émission télévisée, chez Thierry Ardisson, que Jean-Edern Hallier prétendit : "*Si je dis que je suis le plus grand écrivain de ma génération, c'est parce que c'est vrai.*"
Philippe Bouvard, qui n'est sûrement pas à répertorier parmi les écrivains, a remarqué dans ses "Mille et une pensées" : "*La confraternité n'est pas un vain mot qui aboutit à ce qu'un écrivain non journaliste a dix fois moins de chances qu'un autre de voir évoquer ses œuvres dans les journaux.*"
La médiatisation restera forcément injuste ! Les *fils et filles de* bénéficient d'une couverture immédiate. Si après une longue ignorance les médias s'intéressent à un écrivain, le mouvement de balancier conduit à une attention excessive. Ce n'est pas nouveau : "*En France, les admirations et les mépris sont toujours excessifs. Tout écrivain est un dieu ou un âne : il n'y a pas de milieu. Ni si haut, ni si bas, serait cependant pour beaucoup une juste place.*" Théophile Gautier, dans *les Grotesques*, en 1844.

Essayer d'écrire un best-seller ou essayer de vivre de sa plume ?

Comme vous commencez à saisir mon approche, vous n'êtes pas surpris de cette opposition "vivre de sa plume" (donc être écrivain) ou "essayer d'écrire un best-seller" (trouver une bonne idée, une recette, un créneau porteur).

Sur ce sujet du best-seller, une intéressante analyse de Pierre Nora, l'historien mais aussi éditeur chez *Gallimard* et fondateur de la revue *Le Débat* :

*Booksmag (*SUZI VIEIRA) : - Du roman de gare au dernier ouvrage d'un Nobel de littérature en passant par le récit à l'eau de rose, le terme «best-seller» recouvre des réalités très hétérogènes. Peut-on le définir ?

Pierre Nora : - Le mot «best-seller» recouvre un véritable fourre-tout. Chaque livre qui se vend énormément est désormais qualifié de best-seller. Or, on peut identifier, sur ce plan, au moins quatre grandes catégories de publications. La première concerne tous les ouvrages qui obéissent aux lois de la grande diffusion : ils la supposent et sont conçus pour elle. Ce sont les dictionnaires et les livres pratiques (bricolage, jardinage, bien-être et autres méthodes pour réussir son mariage ou son régime), mais aussi la littérature dite «populaire», qu'elle soit sentimentale ou policière (la trilogie «Millénium» de Stieg Larsson en est un exemple).

Il y a ensuite le best-seller « programmé » : Harlan Coben, Marc Levy et autres Guillaume Musso... Le genre suppose une machinerie éditoriale complexe ; il repose sur une véritable industrialisation de la fabrique du succès. C'est sans doute la catégorie qui connaît aujourd'hui le plus grand essor. Dans un registre proche mais différent, il y a les livres des grandes figures, ceux des Nobel de littérature ou d'une Simone Veil, par exemple. Ce ne sont pas des best-sellers « programmés », mais prévisibles : tout le monde sait que, s'ils sont bons, ces livres se vendront beaucoup.

Enfin, il y a le succès « inattendu ». C'est sans doute la seule vraie des catégories de best-sellers. C'est elle qui définit l'essence du phénomène, avec ces livres qui pulvérisent toutes les prévisions. Le best-seller inattendu, c'est l'ouvrage tiré à 3.000 exemplaires et qui fait 30.000 ou 300.000 ventes au final ; il a en propre de transgresser le public auquel il était - du moins le croyait-on - destiné. Il ne relève ni des lois du marché ni de l'industrie éditoriale, mais de l'histoire des mentalités. Car le succès inattendu signifie qu'une sensibilité insoupçonnée d'une société a été touchée. Voilà le phénomène véritablement moderne du best-seller, sa forme la plus intéressante.

Booksmag : - L'essentiel ne serait donc pas le chiffre de ventes, mais la relation qu'un livre réussit à établir avec un public plus large que celui auquel on le destinait ?

Pierre Nora : - C'est exactement cela. « Au-delà de 20.000 exemplaires commence le malentendu », disait Malraux : au delà d'un certain volume, le succès passe par l'agrégation de publics contradictoires.

Booksmag : - Comment expliquer ce type de succès?

Pierre Nora : - Quand on analyse les best-sellers au cas par cas, on réalise qu'ils ont tous su révéler au bon moment les sensibilités latentes d'une société. Quand j'ai publié en 1968 «L'Aveu» d'Arthur London dans la collection «Témoins» chez Gallimard, nous avions tiré le livre à 3.000 exemplaires ; il s'en est vendu 150.000. Et plus encore par la suite, avec l'adaptation cinématographique de Costa-Gavras, servie par Yves Montand et Simone Signoret. Il est évident que «L'Aveu» a révélé quelque chose de très important sur la fracture de l'univers communiste.

Quand France-Culture s'interroge sur l'être et le devenir

Le 6 janvier 2012, *la Grande Table* de Caroline Broué, à 12 heures 02 sur France-Culture, était divisée en deux parties : "*Peut-on apprendre à devenir écrivain ? / Le cirque aujourd'hui.*"

Oui, dans la deuxième partie, ce fut bien un directeur du cirque, Alexandre Romanès, et non Arnaud Lagardère ou Antoine Gallimard.

La première : *Peut-on apprendre à être écrivain ?* est ainsi présentée sur le site de France-Culture

"*Ce sont trois expériences personnelles qui motivent notre conversation d'aujourd'hui. Trois expériences d'écrivains, trois expériences au sein d'ateliers d'écriture dont on lit ici ou là qu'ils se sont multipliés ces dernières années.*

On pourrait partir d'un récent sondage sur l'écriture et la lecture en France qui montrait que 1,4 million de Français de plus de 18 ans possèdent un manuscrit chez eux. Ce qui ne fait pas d'eux des écrivains, tant il y a un pas du rêve d'écrire à la publication d'un livre, de l'écriture à la littérature.

On peut alors se demander s'il est possible d'apprendre à devenir écrivain.

Avec : Maylis de KERENGA, Joy SORMAN, Geneviève BRISAC."

http://www.franceculture.fr/emission-la-grande-table-peut-on-apprendre-a-devenir-ecrivain-le-cirque-aujourd-hui-2012-01-06

Reprendre l'ensemble de la présentation permet de

constater l'utilisation par France-Culture des deux titres :
- *Peut-on apprendre à devenir écrivain ?*
- *Peut-on apprendre à être écrivain ?*

Peut-on apprendre à devenir écrivain ? / Le cirque aujourd'hui.

06.01.2012 - 12:02

86 minutes

1ère partie : Peut-on apprendre à être écrivain ?

Ce sont trois expériences personnelles qui motivent notre conversation d'aujourd'hui. Trois expériences d'écrivains, trois expériences au sein d'ateliers d'écriture dont on lit ici ou là qu'ils se sont multipliés ces dernières années.

Malheureusement l'émission n'abordera pas cette subtilité de l'être et du devenir.

Maylis de Kerangal anime un atelier de "creative writing" à *Sciences Po,* qu'elle distingue des communs ateliers d'écriture. Les "creative rwritting" constituent un cursus, avec diplôme.
Il sert à quoi, ce diplôme ? Aucune question ni information sur le sujet.

Joy Sorman, née en 1973, a publié chez Gallimard... Elle fut scolarisée aux Etats-Unis, est allée "en résidence d'écrivain" : "*c'est avoir du temps et de l'espace, deux luxes.*" Du temps subventionné. L'atelier d'écriture s'inscrit également pour elle dans une "perspective d'épanouissement" alors que le "creative rwritting" constitue une "perspective utilitariste". Elle est la fille de Guy Sorman, auteur chantre du libéralisme.

Geneviève Brisac : "*écrire c'est d'abord oser être soi-même... oser aussi la modestie... ce qui me dérange toujours dans tout ce qui est autour des ateliers d'écriture, de devenir écrivain, c'est qu'on ne dit pas, la première chose qu'on va apprendre, c'est qu'il y a des milliers de livres magnifiques qui ont été écrit, peut-être ça vaut la peine d'en lire quelques-uns, souvent les gens vous disent 'je préfère pas trop lire parce que ça va m'influencer', ce n'est pas grave, lisez, et on verra bien..."*

Vous souhaitez devenir écrivain ? L'atelier d'écriture est has been ! Vive le *creative writing* !

Atelier d'écriture ou *creative writing* ?

En Angleterre 70% des universités proposent un atelier de creative writing.

En France les écrivains n'ont pas de place à l'université, quel drame !

Il faut former des écrivains comme des comptables, ce qui permettra à l'ordre établi de contrôler ces gens-là. Qui ratera son diplôme... sera marginalisé...

L'écriture, ça s'apprend. Mais pas dans un cursus. L'écriture, c'est tout ce qui est hors cursus. Naturellement parmi les premiers adeptes du creative writing à la française, certains publieront et le diplôme sera recommandé...

Les ateliers de "Creative Writing" existent depuis 1936. Ils furent créés à l'université d'Iowa.

Philip Roth, comme Ian McEwan, sont passés par ces ateliers d'écriture. Ce qui peut justifier qu'on s'y attarde.

La bonne question me semble pourtant : ces écrivains seraient-ils devenus ce qu'ils sont sans ce passage ?

Je le crois.

Je suis passé au Lycée Mollet d'Arras et j'y ai étudié le français avec... impossible de retrouver leur nom !... mais si vous me considérez écrivain, allez-vous souhaiter reprendre le chemin de ce lycée ?

Face aux ateliers d'écriture principalement devenus, en France, de l'animation culturelle, ou de l'insertion sociale (approche thérapeutique, prisons, mais aussi maisons de retraites, maisons de quartier...), il semble nécessaire de proposer un suivi de qualité à celles et ceux qui le souhaitent.

Donc l'approche "Creative Writing" mérite d'exister. Même si je pense préférable de se retrouver face à face avec des œuvres à décortiquer...

Vous écrivez mal ? C'est peut-être un bon début !

Vous écrivez comme vous respirer ? Cette description vous convient ? Mais je ne serais pas étonné que vous respiriez très mal ! Oui, dans les écoles, il n'est pas prévu d'apprendre à respirer correctement. Notre mode de vie nous amène à une respiration peu naturelle, ce qui nous cause de nombreuses inquiétudes quand elle commence à détraquer le fonctionnement général.

Alors, redressez-vous ! Respirez à pleins poumons. Je ne vais pas me lancer dans un exposé sur la respiration consciente mais comme vous écrivez d'une manière aussi rapide et saccadée (peut-être) : il est temps de comprendre la littérature, si vous souhaitez y participer activement.

Certes, c'est aussi la difficulté de m'adresser aux inconnus : écrire signifie rarement pratiquer la littérature : une vague intrigue plus ou moins policière ou "futuriste" permettant d'entrer dans le top 100 des meilleurs ventes Amazon Kindle, les vocations vers ce genre se multiplient. Mais je continue à m'adresser à vous comme à des romanciers, des essayistes en quête d'une voie. Les autres y trouveront peut-être un intérêt ou descendront ce récit sur leur blog car il ne leur fut pas utile. On passe parfois à côté de l'essentiel en hurlant !

L'éditeur fait la littérature ?

Selon Aurélie Filippetti, ès ministre de la Culture, le 28 juin 2012, lors de la grande messe annuelle du syndicat des éditeurs, le SNE : « *tous les textes ne sont pas des livres. C'est l'éditeur qui fait la littérature.* »

Non. L'éditeur ne fait pas la littérature mais du commerce. La « création littéraire de l'éditeur » via ses collections, sa collection, ce n'est que du blabla n'ayant jamais existé. Toujours l'éditeur a souhaité faire du fric, parfois avec de bons livres, le plus souvent avec "ce qui se vend."

Frédéric Mitterrand ayant été ministre de la Culture en France, Frédéric Mitterrand considérant qu'Aurélie Filippetti « *est une artiste en elle-même, c'est-à-dire un écrivain, un écrivain de très grand talent et de très grande qualité* », Aurélie Filippetti ayant eu besoin d'un éditeur pour se considérer écrivain, on peut conclure que le besoin d'un éditeur existe chez des écrivains de grande qualité.

Mais peut-on proclamer sans ridicule « *c'est l'éditeur qui fait la littérature* » ? Sans éditeur, pas de littérature ! Observons si néanmoins, loin du regard Filippettin, de la littérature a pu éclore sans éditeur ? Je pourrais proposer mon cas ! L'Histoire littéraire classera sûrement plus haut "*Peut-être un roman biographique*" que "*les derniers jours de la classe ouvrière*" mais je peux manquer d'objectivité !

Le terme éditeur est entré dans le dictionnaire de l'Académie française en 1835. Il semble avoir été "couramment" utilisé depuis le début du siècle. L'encyclopédie de Diderot bénéficia même, dans les

années 1770, de l'imagination de Charles-Joseph Panckoucke, qui en diminua le format et utilisa du papier moins cher pour réduire le prix du volume, augmenter la diffusion. Une approche d'éditeur plus que d'imprimeur.
Rappelons que l'imprimerie existe depuis Gutenberg, 1455. Il fallut donc trois quatre siècles au trio auteurs-imprimeurs-libraires pour générer un personnage central appelé éditeur... ce qui ne présage pas d'une utilité millénaire ! L'éditeur a su trouver une place dans une activité : il n'est pas certain d'en conserver une après la mutation numérique.

Alors, avant 1770 ? Selon la boussole Filippetti, exit Don Quichotte de la littérature ! Ah si Cervantes avait eu la chance de converser avec Gallimard en 1605, quelle œuvre magistrale il aurait signé !
Quant à François Rabelais, l'ancêtre d'Antoine Gallimard n'a même pas daigné publier un communiqué lors de sa mort le 9 avril 1553. Pantagruel (1532) et Gargantua (1534) furent écrits sans l'onction d'un éditeur !
Quant à Jean de La Fontaine (8 juillet 1621 - 13 avril 1695), François de La Rochefoucauld (15 septembre 1613 - 17 mars 1680), Jean Racine (22 décembre 1639 - 21 avril 1699) et les autres, ils sont nés avant la littérature selon l'évangile de Filippetti.
Il convient d'ailleurs d'immédiatement exclure des manuels scolaires un certain Homère, auquel on concéda le privilège, avant la grande révolution Filippettienne, d'avoir pensé les deux premières œuvres de la littérature occidentale : l'Iliade et l'Odyssée.
Quant à Michel Houellebecq, qui considère la bible « comme une œuvre littéraire », il devra étudier le Filippettisme.

Elisabeth Parinet, dans "Une histoire de l'édition à

l'époque contemporaine", publié au Seuil en 2004, note *« éditeurs et libraires sont parmi les premiers à utiliser la réclame sous toutes ses formes. »* Honoré de Balzac déplorait déjà *« le public ignore combien de maux accablent la littérature dans sa transformation commerciale. »*

La publicité... comme prétendre que ça se vend pour vendre. Quand Proust découvre des chiffres de ventes faramineuses dans le catalogue de sa maison d'édition, qui dépassent les siennes, Gaston Gallimard lui répond : *« il est incontestable que ce genre de publicité a une certaine influence sur le public, et je vous assure qu'étant prêt moi-même à toutes les concessions, j'annoncerais volontiers que nous en sommes au 80e ou 100e mille pour À l'ombre des jeunes filles en fleurs, si toutefois vous voulez bien m'y autoriser. »*
Donc parfois des chiffres étaient gonflés ! Oh ! Ce n'est naturellement plus le cas de nos jours... Sûrement !

Pourtant, de nombreux auteurs se tournent encore vers des éditeurs : les marchands tiennent le marché. Être écrivain, ce n'est donc pas forcément écrire pour plaire à un éditeur... mais si l'on souhaite "être publié" par tel éditeur, il faudra forcément lui plaire !

Conseils d'écrivains contemporains à écrivains débutants

- Après ces décennies d'écriture, quels conseils donneriez-vous à un écrivain débutant ? demande Nelly Kaprièlian à Philip Roth (*les Inrocks*, octobre 2011). Sa réponse est brève :
- D'arrêter d'écrire.
L'intervieweuse ne précise rien, ni sourire ni ironie.
Peu avant il répondait "*J'ai dit oui quand on m'a demandé si j'avais vraiment travaillé pour le Mossad parce que c'était aussi facile que de dire non mais tellement plus drôle (rires) ! On a besoin de s'amuser dans la vie – sinon, à quoi tout cela servirait-il ?*"
J'y vois plutôt une manière de ne pas se laisser entraîner dans la question bateau à l'écrivain confirmé. J'ai déjà repris les souffrances de Philip Roth au point final d'un roman...

Françoise Sagan. Un entretien réalisé à Paris le 30 mai 1991, par Jean-Luc Delblat :
- Quels conseils donneriez-vous à un jeune écrivain débutant ?
- Pour "réussir", comme on dit, ou pour écrire ?
- Pour écrire...
- Il faut lire. Beaucoup. Et puis ne pas penser que la littérature passe par la télévision, ou automatiquement par le succès. Il faut travailler et mener une vie la plus isolée possible des médias.

Virginie Lou, auteur chez Gallimard Jeunesse, interview pour gallimard-jeunesse.fr :
- Quel conseil donneriez-vous à un écrivain débutant ?
- Vous comprendrez que je n'aie de conseils à donner à personne, surtout pas à un écrivain débutant, d'ailleurs

qu'est-ce que ça veut dire, écrivain débutant, à quel moment cesse-t-on d'être quelqu'un qui écrit dans son coin (comme tout le monde devrait le faire, me semble-t-il) pour devenir un «écrivain». Qui donne le diplôme ? Qui est assez qualifié pour savoir reconnaître un écrivain d'un faiseur ? Peu de gens, d'après ce que je vois dans les articles que publient les journaux à propos des livres. Peu de gens sont de vrais lecteurs. Il faut avoir beaucoup lu, depuis longtemps, pour être un vrai lecteur.

Elizabeth Laird, auteur chez Gallimard Jeunesse, interview pour gallimard-jeunesse.fr :
- Quel conseil donneriez-vous à un écrivain débutant ?
- J'ai trois conseils à donner à un auteur débutant. Le premier est de lire autant que possible et de s'assurer de lire une grande variété de livres. Ne te cantonne pas à un seul type de livres. Lis de tout. Et si tu n'as plus de livres à lire, lis ce qui est écrit sur ton paquet de corn flakes quand tu prends ton petit déjeuner ! Le deuxième conseil est d'écrire. On n'apprend pas à faire du vélo en théorisant. Il faut monter sur cette damnée machine et essayer jusqu'à ce qu'on tienne dessus. Tenir un journal est le moyen le plus simple de s'exercer. C'est agréable et personnel. Personne ne le lit et ne se moque de vous. Le troisième conseil est de vivre tout simplement. Pense à tes expériences et aux gens que tu rencontres. Un jour, ça deviendra peut-être une histoire.

Philippe Delerm, versant auteur chez Gallimard Jeunesse, interview pour gallimard-jeunesse.fr :
- Quel conseil donneriez-vous à un écrivain débutant ?
- Un écrivain débutant, c'est souvent, comme je l'ai été, quelqu'un qui envoie des manuscrits par la poste, et qui est refusé par les maisons d'édition. Cela peut durer des années (presque dix en ce qui me concerne). Il faut

apprendre alors à ne pas se décourager, apprendre à n'être pas trop malheureux, et conserver l'espoir.

Timothée de Fombelle, auteur chez Gallimard Jeunesse, interview pour gallimard-jeunesse.fr :

- Quel conseil donneriez-vous à un écrivain débutant ?

- Oser se faire confiance, écrire avec ce qui compte pour nous, ne pas écouter la mode, et ensuite oser montrer ce qu'on écrit, risquer d'être critiqué, travailler et retravailler...

Beatrice Masini, auteur chez Gallimard Jeunesse, interview pour gallimard-jeunesse.fr :

- Quel conseil donneriez-vous à un écrivain débutant ?

- Lis énormément, lis n'importe quoi, lis tout. C'est comme ça que tu formeras ton goût et que tu comprendras ce que tu ne veux pas écrire, ce que tu ne peux pas écrire, ce qui te convient, ton style, ton genre. En même temps, écris beaucoup, écris n'importe quoi, écris tout. Mais ne crois pas que tout ce que tu griffonnes vaut la peine d'être publié. Il faut avoir le courage de jeter tout ce qui te semble mauvais et de recommencer à zéro.

Didier Dufresne, auteur chez Ricochet Jeunes, interview pour ricochet-jeunes.org :

Ricochet : Quels conseils donneriez-vous à un auteur débutant ?

Didier Dufresne : Je constate avec horreur qu'il existe énormément de jeunes auteurs qui sont bourrés de talent. Je leur conseille donc d'attendre que je sois très très vieux pour envoyer leurs textes aux éditeurs. Qu'ils me laissent une chance de publier encore...

Pour être un peu sérieux, je leur dirais : restez simple, ne vous prenez pas au sérieux mais n'ayez peur de rien. Et faites confiance à La Poste (publicité gratuite) pour envoyer vos textes.

Maria R. Bordihn :
- Quel conseil donneriez-vous à un écrivain débutant ?
- Si vous pensez vraiment que votre destin est d'être écrivain, n'abandonnez jamais. Devenir un auteur à succès demande du talent, beaucoup de travail, de la persévérance et de la chance. Ecoutez les conseils et les critiques de professionnels ; méfiez-vous de ceux qui ont de bonnes intentions mais ne s'y connaissent pas suffisamment pour vous aider. En cas de doute, fiez-vous toujours à votre propre instinct.

Michel Déon, entretien réalisé à Paris le 18 juin 1991, par Jean-Luc Delblat :
- Quels conseils donneriez-vous maintenant à un jeune écrivain débutant ?
- Le conseil de Tchekhov : "Si vous voyez chez un enfant le goût d'écrire, punissez-le. Retirez-lui sa plume et son papier. S'il continue et qu'il écrit sur les murs, battez-le jusqu'au sang. Et puis s'il continue encore à dix-huit ans, résignez-vous, tant pis pour lui, il sera malheureux toute sa vie, il sera écrivain et en même temps il sera très heureux". Et puis il faut se méfier du succès trop rapide. Quand je vois un écrivain qui, au premier ou au deuxième livre, a un succès fabuleux, je me dis : "Il est foutu !"

François Nourissier, entretien réalisé à Paris le 11 avril 1991, par Jean-Luc Delblat :
- Quels conseils donneriez-vous à un écrivain débutant ? Quel message voudriez-vous lui transmettre ?
- De lire beaucoup : tous les talents se font à force de lecture. D'avoir un autre métier, afin de ne pas dépendre, pour sa vie quotidienne, de la littérature. De ne pas trop se presser non plus. Il ne faut ni trop attendre, ni trop se presser. Puisque c'est toujours le second roman qui est le

problème, il vaut peut-être mieux en écrire trois avant de publier le premier. Ainsi, au moment terrible du second roman, on publie le premier, qui n'a pas le défaut du second, puisque c'est le premier... Ça paraît très bête, mais c'est vrai!

Robert Merle, entretien réalisé à Paris le 11 février 1992, par Jean-Luc Delblat :
- Quels conseils donneriez-vous à un jeune écrivain débutant ?
- Justement, de ne pas être d'une école littéraire. Et puis de ne pas chercher les honneurs. De se donner une culture, pas seulement française, mais espagnole, russe, allemande, anglaise... Qu'il s'en imprègne. Avant qu'il pense qu'il a du génie, qu'il devienne professionnel : qu'il soit très armé, au courant des techniques, qu'il puisse comparer. Qu'il apprenne l'art du dialogue, en allant au théâtre, en allant voir de bons films... L'art d'écrire ne vient pas, comme ça, de but en blanc, sur la seule force de son génie. Il y a des difficultés professionnelles, techniques. Être romancier, c'est un métier.

Michel Tournier, entretien réalisé à Paris le 10 juin 1991, par Jean-Luc Delblat :
- Quels conseils donneriez-vous à un jeune écrivain débutant ?
- Qu'il ne se presse pas, qu'il ait de la patience : ce qui m'a fait le plus de bien, c'est ma lenteur. J'avais comme condisciple au lycée Pasteur Roger Nimier. Il était effrayant de précocité : il avait tout lu, tout compris, tout assimilé à seize ans. Il a publié son premier livre à dix-huit ans ! Son dernier livre à vingt-huit ans et il est mort à trente-sept ans. C'est une espèce de trajectoire de météore. Franchement, je préfère le contraire. C'est plus

sûr de se donner le temps. Il faut aussi ne pas raconter sa vie. Mais un écrivain jeune ne peut qu'aller vite et raconter sa vie...

Le même mais pour une interview chez Gallimard Jeunesse : Quel conseil donneriez-vous à un écrivain débutant ?
Michel Tournier : Pour apprendre le métier d'écrivain, il n'y a que deux choses à faire. D'abord, lire, lire et encore lire. De bons livres naturellement. On n'a jamais vu un écrivain qui n'a pas été un lecteur passionné dans sa jeunesse. Encore aujourd'hui, je lis plusieurs heures par jour. Ensuite, il faut écrire. Écrire tous les jours. Tout ce qu'on fait sérieusement, on le fait tous les jours. La peinture, la musique, le sport, les mathématiques... Et le mieux pour écrire tous les jours, c'est de tenir un journal. S'efforcer de noter chaque jour quelque chose et donc d'observer toute la journée pour avoir quelque chose à noter le soir. Mais attention ! C'est un métier solitaire, et c'est très dur. La plupart des métiers s'exercent en équipe, ou au contact d'autres personnes. Le pauvre écrivain travaille tout seul, n'a personne pour l'aider, le consoler, le féliciter. Il y en a qui préfèrent cette solitude. Ce n'est pas mon cas. J'en souffre, mais, par malheur, je suis incapable de travailler avec quelqu'un. C'est aussi un métier merveilleux. Chaque livre est une aventure totalement nouvelle : rassembler la documentation, écrire le livre, le voir sortir en librairie et suivre son destin. C'est comme votre enfant qui s'aventure seul dans le monde. Il reçoit des fleurs, il reçoit des coups. Vous vous réjouissez et vous souffrez pour lui. La qualité la plus importante pour un écrivain, c'est la patience.

Même à Marc Levy, la question fut posée, par un fan (marclevy.e-monsite.com), le jeudi 28 octobre 2004.

- Quels conseils donneriez-vous à un auteur débutant ?

- De n'écouter aucun conseil ! J'ai écrit quatre livres dans ma vie, ce n'est pas assez pour se permettre de donner des conseils à qui que ce soit. Je pourrais échanger des tuyaux... par exemple moi pour écrire, j'ai besoin de faire un plan. Je vais te faire une métaphore : l'écriture c'est une aventure, et quand tu es aventurier tu pars quand même avec une boussole. Tu te dis « Je vais faire cap au Nord » et tu vois une montagne à ta gauche, ça ne t'empêche pas d'aller voir la montagne, tu sais que tu allais au Nord ! Je trouve que ce n'est pas contredire l'imaginaire que d'avoir un plan. Je pense que c'est un outil de travail formidable ; et se dire « je sais ce que je vais écrire demain », bien sûr tu as la liberté de ne pas suivre ton plan, mais c'est un guide... Tu vois, les gens qui à un moment donné ont posé des chemins de fer en Amérique pour aller d'Est en Ouest, et bien ils avaient un plan ; de temps en temps ils se disaient « on ne peut pas passer par là, on va faire tel ou tel détour »...

L'autre avis que je pourrais donner c'est qu'il faut prendre du plaisir. Si tu n'as pas de plaisir à faire ce que tu fais, c'est qu'il y a quelque chose qui cloche ! Tu imaginerais un cuisinier qui n'aimerait pas faire la bouffe ? Pour un auteur c'est un peu pareil... Que tu sois acteur, chanteur, cuisinier... à un moment donné tu dois partager un plaisir que tu es en train de te faire... Le seul conseil que je donnerai d'utile c'est « amusez-vous ! »

Certes, si l'écriture se compare à la cuisine... Monsieur l'auteur à succès l'ignore sûrement mais "être cuisinier" n'est pas forcément un plaisir, juste un métier, alimentaire.

Un succès...

Si vous attendez un succès pour vous vivre "en écrivain", vous ne le serez sûrement jamais !

Obtenir un succès ne signifie pas forcément que l'auteur soit écrivain ! Tellement de mauvaises raisons peuvent entraîner de très bonnes ventes !

Certes, il convient de ne pas tomber dans l'excès des "tous écrivains maudits" : être reconnu de son vivant est préférable ! Surtout pour le savoir ! C'est même à cela que doit travailler un écrivain, qui plus est quand il se vit vraiment écrivain, donc quand il doit vivre de ses écrits.

Le succès est toujours possible mais dans la nouvelle économie du livre, où l'écrivain peut conserver 57% à 67% du montant des ventes en librairies numériques, la sagesse consiste à se créer un fond de catalogue de ventes lentes mais régulières. La place existe encore pour de nombreux documents ! Que ce soit sur un travail, une ville, un village...

Être lu

Un écrivain écrit en grande partie pour être lu (ceux qui disent le contraire, admirons-les, mais ne les croyons pas).
Albert Camus - L'Eté (1954)

Écrire pour soi. Et finalement, dès la décision de publier, donc la réécriture, on écrit pour être lu.
Facebook, twitter, sites personnels, blogs, des millions de francophones essayent d'être lus, d'attirer l'attention.
Dans cette surabondance de mots, nous essayons en plus de vendre nos phrases !
Aucune chance ?
Être lu.
Dans cette optique, http://www.ecrivain.lu s'est imposé comme site support de référence de cet essai.

Dans ses livres à lire (vous avez retenu l'exigence de lire ?), qui ajoutera *"peut-être un roman autobiographique"*, dont les réactions semblent décréter qu'il s'agit de mon meilleur roman (même si d'autres préfèrent *Libertés d'avant l'an 2000* ou *Le roman du show-biz et de la sagesse*) ?

Certes, dans mes livres, vous vous intéresserez sûrement d'abord à ceux qui "complètent" cet essai, en éclairant le monde de l'édition, comme *"Le livre numérique, fils de l'auto-édition"* et *"Le guide de l'auto-édition, papier et numérique"*.

Alors, vous souhaitez toujours devenir écrivain ?

Ni stage ni suivi individuel. Ni formation directe ou par correspondance. Ni sessions intensives ni coaching d'écriture. Lisez, écrivez, lisez, vivez et essayez d'être écrivain si c'est vital en vous.

Suivez des stages, des formations, participez au creative writing à la française, payez un directeur littéraire si vous en ressentez le besoin. Et lisez, lisez, écrivez...

« C'est en faisant semblant d'être écrivain qu'on le devient vraiment » prétendait Jean-Marie Gustave Le Clézio dans une interview au magazine Télérama du 13 décembre 2000. On devient écrivain ? On naît écrivain ?

On nait écrivain et ensuite il reste une vie pour le devenir vraiment ?

Alors, tout le monde peut devenir écrivain ? (avec la restriction exprimée par Philippe Djian) Gao Xingjian, lors de son discours de réception du Prix Nobel, en décembre 2000 également, déclara *« l'écrivain est un homme ordinaire, peut-être est-il seulement plus sensible. »*

- Tu es trop sensible !

Vous l'avez déjà entendue, cette remarque ? Ce reproche ?

L'excès de sensibilité est votre vilain défaut ? Transcendez vos faiblesses. Faites de vos faiblesses dès forces, votre originalité.

Vous pouvez le devenir, écrivain, mais personne ne vous en donnera la recette. Vous devez la trouver en vous. Il s'agit d'un équilibre précaire au-dessus du gouffre de la littérature. Où il faut d'abord oser s'aventurer, même si les jambes tremblent. Trop d'émotions !

Chaque œuvre est une aventure

Reprenant sûrement l'idée de Stendhal considérant chacune de ses œuvres comme un billet de loterie pour la postérité, Mauriac notait *"le plus obscur des écrivains se dit tout de même qu'il a pris un billet à cette loterie de la gloire."*

En ceci l'écrivain ressemble au politique : même après un cuisant échec, il est persuadé que la prochaine échéance ou le prochain livre, lui rendra enfin justice. Il tient ainsi. Il réussit souvent ainsi. Tout écrivain comme tout politique passe par l'échec plus ou moins long. Pour le néophyte, la politique comme l'écriture est un combat contre des installés.

Après de retentissants échecs, François Mitterrand puis Jacques Chirac ont gagné l'Elysée. Certes Nicolas Sarkozy puis François Hollande peuvent marquer une accélération du monde où la victoire doit survenir à la première candidature. À chaque élection "un homme neuf" l'emportera désormais ? Nicolas Sarkozy et François Hollande sont néanmoins passés par "le fond de la piscine" avant d'atteindre l'objectif de leur vie...

À 25 ans, Stéphane Ternoise a quitté le confortable statut de cadre en informatique (qui plus est dans le douillet secteur des assurances), pour se confronter à son époque, essayer de vivre de sa plume en toute indépendance. Il redoutait de finir pantin d'un grand groupe où même les maisons historiques peuvent se retrouver avec Jean-Marie Messier ou Arnaud Lagardère comme grand patron.

Stéphane Ternoise est auteur-éditeur depuis 1991, devenu spécialiste de l'auto-édition professionnelle en France. Il créa « logiquement » http://www.auto-edition.com en l'an 2000, une activité alors quasi absente du web !

Son éclairage sur l'univers de l'édition française a rapidement suscité quelques difficultés, dont une assignation au Tribunal de Grande Instance de Paris, en juin 2007, par une société pratiquant le compte d'auteur, finalement déboutée en septembre 2009.

Dans un relatif anonymat, avant la Révolution Numérique, l'auteur lotois a néanmoins réussi à publier 14 livres en papier, à continuer en vivant de peu. Depuis 2005, ses livres étaient également en vente, marginale, en version numérique. Il s'agissait d'abord de simples PDF.

L'auteur-éditeur a consacré l'année 2011 à la réalisation de son catalogue numérique, publiant ainsi ses pièces de théâtre, sketchs et textes de chansons en plus des romans, essais et recueils adaptés aux formats epub et Mobipocket Kindle...

La multiplication des questions et l'information approximative balancée sur de nombreux blogs par de néo-spécialistes de l'auto-édition autopublication, l'ont décidé à écrire sur cette révolution de l'ebook. Le guide l'auto-édition numérique est ainsi devenu son web best-seller !

Depuis octobre 2013, et son « identifiant fiscal aux États-Unis », son catalogue papier tend à rattraper celui en pixels.
Il convient donc de nouveau d'aborder l'auteur sous le biais de l'œuvre. Ainsi, pour vous y retrouver, http://www.ecrivain.pro essaye de fournir une vue globale. Et chaque domaine bénéficie de sites au nom approprié :
http://www.romancier.org
http://www.parolier.org

http://www.essayiste.net

http://www.dramaturge.fr
http://www.lotois.fr

Vous pouvez légitimement vous demander pourquoi un auteur avec un tel catalogue ne bénéficie d'aucune visibilité dans les médias traditionnels. L'écriture est une chose, se faire des amis utiles une autre !

Catalogue

Romans : (http://www.romancier.org)

Le Roman de la révolution numérique également sous le titre *Un Amour béton*

Ils ne sont pas intervenus (le livre des conséquences) également sous le titre *Peut-être un roman autobiographique*

La Faute à Souchon ? également sous le titre *Le roman du show-biz et de la sagesse (Même les dolmens se brisent)*

Liberté, j'ignorais tant de Toi également sous le titre *Libertés d'avant l'an 2000*

Viré, viré, viré, même viré du Rmi

Quand les familles sans toit sont entrées dans les maisons fermées

Edition (http://www.auto-edition.com)

Le guide de l'auto-édition, papier et numérique

Le manifeste de l'auto-édition - Manifeste politico-littéraire pour la reconnaissance des écrivains indépendants et une saine concurrence entre les différentes formes d'édition

Écrivains, réveillez-vous ! - La loi 2012-287 du 1er mars 2012 et autres somnifères

Le livre numérique, fils de l'auto-édition

Réponses à monsieur Frédéric Beigbeder au sujet du Livre Numérique (Écrivains= moutons tondus ?)

Comment devenir écrivain ? Être écrivain ? (Écrire est-ce un vrai métier ? Une vocation ? Quelle formation ?...)

Copie privée, droit de prêt en bibliothèque : vous payez, nous ne touchons pas un centime - Quand la France organise la marginalisation des écrivains indépendants

Alertez Jack-Alain Léger !

Théâtre : (http://www.dramaturge.fr)

La baguette magique et les philosophes

Neuf femmes et la star

Avant les élections présidentielles

Les secrets de maître Pierre, notaire de campagne

Deux sœurs et un contrôle fiscal
Ça magouille aux assurances
Pourquoi est-il venu ?
Amour, sud et chansons
Blaise Pascal serait webmaster
Aventures d'écrivains régionaux
Trois femmes et un amour
Chanteur, écrivain : même cirque
« Révélations » sur « les apparitions d'Astaffort » Brel / Cabrel (les secrets de la grotte Mariette)
J'avais 25 ans

Pour troupes d'enfants :
Les filles en profitent
Révélations sur la disparition du père Noël
Le lion l'autruche et le renard
Mertilou prépare l'été
Nous n'irons plus au restaurant
Recueils :
Théâtre peut-être complet
La fille aux 200 doudous et autres pièces de théâtre pour enfants
Théâtre pour femmes

Chansons : (http://www.parolier.info)
Chansons trop éloignées des normes industrielles
Chansons vertes et autres textes engagés
Parodies de chansons - De Renaud à Cabrel En passant par Cloclo et Jacques Brel
Chansons d'avant l'an 2000
Vivre Autrement (après les ruines), l'album invisible...

Photos : (http://www.france.wf)
Cahors, 42 inscriptions aux Monuments Historiques
La disparition d'un canton : Montcuq
Montcuq, le village lotois
Cahors, des pierres et des hommes. Photos et commentaires

Limogne-en-Quercy Calvignac la route des dolmens et gariottes

Saint-Cirq-Lapopie, le plus beau village de France ?

Saillac village du Lot

Limogne-en-Quercy cinq monuments historiques cinq dolmens

Beauregard, Dolmens Gariottes Château de Marsa et autres merveilles lotoises

Villeneuve-sur-Lot, des monuments historiques, un salon du livre... -Photos, histoires et opinions

Henri Martin du musée Henri-Martin de Cahors - Avec visite de Labastide-du-Vert et Saint-Cirq-Lapopie sur les traces du peintre

L'église romane de Rouillac à Montcuq et sa voisine oubliée, à découvrir - Les fresques de Rouillac, Touffailles et Saint-Félix

Cajarc selon Ternoise

Livres d'artiste (http://www.quercy.pro)

Quercy : l'harmonie du hasard

Lot, livre d'art

Montcuq, livre d'art

Quercy Blanc, livre d'art

Montaigu de Quercy, livre d'art

Quercy : l'harmonie du hasard

La beauté des éoliennes

Golfech, c'est beau un village prospère à l'ombre d'une centrale nucléaire

Jésus, du Quercy

Essais (http://www.essayiste.net)

Ya basta Aurélie Filippetti !

Amour - état du sentiment et perspectives

Contrairement à Gérard Depardieu, dois-je quitter la France ?

Cahors, municipales 2014 : un enjeu départemental majeur

Quand Martin Malvy publie un livre : questions de déontologie

Politique : (http://www.commentaire.info)
Ce François Hollande qui peut encore gagner le 6 mai 2012 ne le mérite pas
Nicolas Sarkozy : sketchs et Parodies de chansons
Bernadette et Jacques Chirac vus du Lot - Chansons théâtre textes lotois
Affaire Ségolène Royal - Olivier Falorni Ce qu'il faut en retenir pour l'Histoire - Un écrivain engagé, un observateur indépendant
François Fillon, persuadé qu'il aurait battu François Hollande en 2012, qu'il le battra en 2017

Notre vie (http://www.morts.info)
La trahison des morts : les concessions à perpétuité discrètement récupérées - Cahors, à l'ombre des remparts médiévaux, les vieux morts doivent laisser la place aux jeunes...
Cahors : Adèle et Marie Borie contre Jean-Marc Vayssouze-Faure - Appel à une mobilisation locale et nationale pour sauver les soeurs Borie...

Jeux de société
http://www.lejeudespistescyclables.com
La France des pistes cyclables - Fabriquer un jeu de société pour enfants de 8 à 108 ans
Le bon chemin pour Saint-Jacques-de-Compostelle

Divers :
La disparition du père Noël et autres contes
J'écris aussi des sketchs
Vive les poules municipales... et les poulets municipaux - Réduire le volume des déchets alimentaires et manger des oeufs de qualité
Le Martyr et Saint du 11 septembre : Jean-Gabriel Perboyre

En chti : (http://www.chti.es)
Canchons et cafougnettes (Ternoise chti)
Elle tiote aux deux chints doudous (théâtre)

Œuvres traduites (http://www.traducteurs.net)
La fille aux 200 doudous :
- *The Teddy (Bear) Whisperer* (Kate-Marie Glover)
- Das Mädchen mit den 200 Schmusetieren (Jeanne Meurtin)

- Le lion l'autruche et le renard :
- How the fox got his cunning (Kate-Marie Glover)

- Mertilou prépare l'été :
- The Blackbird's Secret (Kate-Marie Glover)

- *La fille aux 200 doudous et autres pièces de théâtre pour enfants (les 6 pièces)*
- La niña de los 200 peluches y otras obras de teatro para niños (María del Carmen Pulido Cortijo)

Chansons - Cds :
(http://www.chansons.org)
Vivre Autrement (après les ruines)
Savoirs
CD Sarkozy selon Ternoise (parodies de chansons, 2006)

Comment devenir écrivain ?
Être écrivain !

Écrire est-ce un vrai métier ? Une vocation ? Quelle formation ?...

Mentions légales

Site officiel : http://www.ecrivain.pro

Dépôt légal à la publication au format ebook du 29 juin 2012.

Imprimé par CreateSpace, An Amazon.com Company pour le compte de l'auteur-éditeur indépendant.
livrepapier.com

ISBN 978-2-36541-241-4
EAN 9782365412414

Comment devenir écrivain ? Être écrivain !
(Écrire est-ce un vrai métier ? Une vocation ? Quelle formation ?...) de Stéphane Ternoise
© Jean-Luc PETIT - BP 17 - 46800 Montcuq - France
29 juin 2012